W0465700

neukirchener
theologie

Ulrich Wilckens

Standpunkte

Grundlegende Themen biblischer Theologie

2., durchgesehene Auflage 2012

Neukirchener Theologie

MIX
Papier aus verantwortungsvollen Quellen
FSC® C016439

Dieses Buch wurde auf FSC®-zertifiziertem Papier gedruckt. FSC (Forest Stewardship Council®) ist eine nichtstaatliche, gemeinnützige Organisation, die sich für eine ökologische und sozialverantwortliche Nutzung der Wälder unserer Erde einsetzt.

Bibliografische Information der Deutschen Nationalbibliothek

Die Deutsche Nationalbibliothek verzeichnet diese Publikation in der Deutschen Nationalbibliografie; detaillierte bibliografische Daten sind im Internet über http://dnb.d-nb.de abrufbar.

Umschlaggestaltung: Andreas Sonnhüter, Düsseldorf
Umschlagfoto: © Katja Boehme
Lektorat: Ekkehard Starke
DTP: Breklumer Print-Service
Gesamtherstellung: Hubert & Co., Göttingen
Printed in Germany
ISBN 978-3-7887-2456-6
www.neukirchener-verlage.de

Inhalt

Einleitung

»Standpunkte« sind für viele Menschen heute nicht mehr, was sie für frühere Generationen einmal waren: ›Basiswerte‹, auf denen das sittliche Leben aufruht, Grundüberzeugungen, zu denen man, komme was wolle, steht. Solche Standpunkte zu haben, gilt aber heutzutage eher als ein Zeichen von starrem Festhalten an Überkommenem, als Unvermögen oder Unwillen, sich in den Strom der modernen Zeit hineinzustellen. In dessen schnellem Dahinfließen wird ja doch vieles Altbewährte rasch zu nicht mehr brauchbarem Vergangenem. Daher wird die Bereitschaft, Altes gegen Neues einzutauschen und Standpunkte zu wechseln, als ein Zeichen geistiger Beweglichkeit hoch eingeschätzt.

Das gilt vielfach auch für alles Religiöse. Interessant ist heutzutage eher die Vielfalt verschiedener Ideen und Praktiken, aus denen man nach eigenem Geschmack frei auswählen kann, was einem selbst ›steht‹. Weniger Sympathie dagegen genießen religiöse Traditionen, die ihr Eigenes gegen alles andere abgrenzen und von ihren Adepten strikte Treue fordern. Je exklusiver eine solche Religion auftritt, als umso unzeitgemäßer erscheint sie – und gar als gefährlich dort, wo ihre Exklusivität prinzipiell wird.

Das Christentum jedoch hat zwar von Anfang an eine starke Kraft und einen weitherzigen Willen gezeigt, immer wieder vieles von den Denkformen seiner jeweiligen Umwelt in sich aufzunehmen und seinem eigenen Denken anzuverwandeln. Doch stets hat es dieser missionarischen Weite und Beweglichkeit dort Grenzen gesetzt, wo es um seine ureigene Identität geht: Der eine Gott, an den Christen glauben, lässt sich in seiner Einzigkeit grundsätzlich nicht auf ein Miteinander mit anderen Gottheiten ein, in welcher Art auch immer. Und die Erlösung durch Jesus Christus, den am Kreuz gestorbenen und zu ewigem Leben auferweckten einen Sohn des einen Gottes, lässt sich ebenfalls nicht mit irgendeiner anderen religiösen Grunderfahrung vermischen oder gar austauschen. Auch der Geist Gottes, der Christen am Leben ihres auferstandenen Herrn teilgibt, ist mit keiner anderen göttlichen Kraft zu verwechseln. Darum ist der christliche Glaube an den drei-einen Gott mit dem Monotheismus des Judentums und des Islam immer unvereinbar gewesen, sowohl nach deren

Urteil als auch nach dem eigenen christlichen. Auch die ethischen Grundsätze christlicher Lebensführung haben ihre Geltung zu allen Zeiten und lassen sich nicht nach dieser oder jener Mode verändern. Was die grundlegenden Lehren betrifft, gibt es also für das Christentum keine Vielheit von Standpunkten, sondern nur den eigenen, mit dem es »steht und fällt«.

Dies alles gehört für die christlichen Kirchen zu ihrer eigenen Identität, heute nicht anders als in früheren Zeiten. Was in den Kapiteln dieses Buches als »zentrale Themen biblischer Verkündigung« dargelegt wird, sind »Standpunkte« des Glaubens der ganzen Christenheit, die wesentlich ein Ganzes bilden.

Faktisch jedoch gibt es in unserer Gegenwart darüber keineswegs mehr einen allgemeinen Konsens. Bis ins Elementare hinein ist vielmehr innerhalb von Kirche und Theologie heftig umstritten, was am Christentum eigentlich grundlegend und bleibend wichtig ist. Dazu gibt es recht verschiedene und vielfach auch gegensätzliche »Standpunkte«. Es gibt sogar theologische Lehrer, die es als sittlich empörend erklären, heutigen Christen noch zu verkündigen, vom Kreuzestod Jesu hinge die Vergebung ihrer Sünden und vom ›Mirakel‹ der Auferweckung des Gekreuzigten das letzte Heil ihres Lebens ab. Längst sei es an der Zeit, solche Lehren ein für alle mal zu verabschieden, statt sie modernen Christen immer wieder, Jahr um Jahr, zuzumuten. Und ein breites öffentliches Echo auf solche Urteile zeigt, dass es viele Christen gibt, die dem mehr oder weniger zustimmen. Für sie ist ohnehin die Liebesethik Jesu das Einzige vom ganzen Christentum, das überzeugend-gültig sei, und dem müsse auch das Gottesbild entsprechen: Nur ein Gott, der alle Menschen unterschiedslos als seine eigenen Kinder liebhabe, sei als Inbegriff dessen akzeptabel, was in der Welt allgemein zur Geltung kommen sollte.

Christen dagegen, die noch ernsthaft Christen sein und in der Bibel die Wahrheit Gottes finden wollen, als eine Wahrheit, deren Geltung nicht von modernen Auffassungen und Denkweisen abhängig ist, werden zutiefst irritiert, wenn sogar Pfarrerinnen und Pfarrer ihnen nichts anderes als Zurechtdeutungen biblischer Grundaussagen anbieten. Oft berufen diese sich dafür auf ihre Hochschullehrer und -lehrerinnen, die ihnen die Notwendigkeit solcher Umdeutungen und Umwertungen als Ergebnis »wissenschaftlicher Forschung« nahegebracht haben. Solche Christen bestehen darauf, dass die Bibel ihre Autorität als *die* heilige

Schrift behält und die Wahrheit christlichen Glaubens nicht dem Strudel des heutigen Meinungspluralismus anheim fallen darf. Und sie reagieren gekränkt, wenn man sie deshalb mitleidig oder gar verächtlich dem Lager ewig-gestriger ›Fundamentalisten‹ zurechnet. Geht es ihnen doch gar nicht um extreme Buchstaben-Richtigkeiten, sondern schlicht darum, die tatsächlichen Fundamente alles christlichen Glaubens nicht mutwillig zerbrechen zu lassen.

Für sie ist dieses Buch geschrieben. Sein Verfasser ist in der theologischen Wissenschaft durchaus kundig, zumal in der Kunst, die Aussagen der Bibel so auszulegen, wie sie ursprünglich gemeint waren. Er ist davon überzeugt, dass sie gerade in ihrer Originalität zu den wahren Problemen unserer modernen oder ›postmodernen‹ Zeit Wichtiges zu sagen haben. Und als ordinierter Pfarrer ist er zehn Jahre im kirchlichen Dienst als Bischof tätig gewesen. Er kann es sich leisten, für diejenigen »Standpunkte« öffentlich einzutreten, die den biblischen Zeugnissen christlichen Glaubens entsprechen, und dafür zu werben, sie ernst zu nehmen. Er möchte vielen Lesern zu einem wahrheitsgewissen, ehrfürchtig-vertrauensvollen Lesen und Meditieren dessen, was die Bibel zu sagen hat, verhelfen. Und er möchte sie zu einem Grundvertrauen zur Bibel als der heiligen Schrift der Kirche ermutigen, das durchaus die Freiheit zu kritischem Nachdenken einschließt, ebenso aber auch die Freiheit zu einer Kritik kritischer Bibelforschung und theologischer Urteilsbildung.

Deswegen wünsche ich mir durchaus auch Christentumskritiker als Leser. Sie sollen klar vor Augen haben, *was* sie ablehnen – und hier und da auch einsehen, dass ihre bisherige Kritik Zerrbilder trifft, die auf falschen Auslegungen und Deutungen irregeleiteter Theologen beruhen. Eine vernünftige Auseinandersetzung um Wahrheit und Bedeutung des Christentums in unserer gemeinsamen modernen Lebenswelt kann sinnvoll und für beide Seiten fruchtbar nur geführt werden, wenn das, was die Bibel wirklich sagt und meint, unverstellt im Blick steht.

In diesem Buch werden fünf öffentliche Vorträge publiziert, die ich im Jahr 2009 in der Hauptkirche St. Michaelis zu Hamburg gehalten habe. Es geht dabei sehr bewusst um zentrale biblisch-theologische Themen, die in Kirche und Öffentlichkeit heute heftig umstritten sind und auf deren Bestreitungen deutliche Antworten gegeben werden müssen. Ich konzentriere mich darauf, das biblische Zeugnis in seinem eigenen Sinn so darzulegen, dass zugleich deutlich wird, dass und wie dieses für Christen unserer gegenwärtigen Lebenswelt jeweils von wichtiger Bedeutung ist. Ich argumentiere so klar wie möglich in einer Sprache, die jedermann verständlich ist. Aber ich erleichtere auch die inhaltlichen Schwierigkeiten nicht, die die Bibel ihren Lesern zumutet.

Das gilt schließlich auch für einen Vortrag, den ich eigentlich für den Zweiten Ökumenischen Kirchentag in München vorbereitet hatte und den ich nun als 6. Kapitel dieses Buches an die fünf Hamburger Vorträge anfüge. Hier geht es darum, der sich verbreitenden Meinung zu wehren, zu einem fruchtbaren Fortschritt des ökumenischen Dialogs zwischen den evangelischen und der römisch-katholischen Kirche könne es schwerlich kommen. Denn einerseits sei die Einigung in der Rechtfertigungslehre als dem zentralen Streitthema der Reformation, die 1999 in Augsburg bereits grundsätzlich erreicht schien, in der evangelischen Theologie seither auf viel Ablehnung gestoßen. Vor allem aber bestehe andererseits in der Lehre über das Wesen der Kirche und ihrer Ämter ein so tiefgreifender Gegensatz, dass darin eine Einigung schlechterdings nicht zu erwarten sei. In der Tat hängt das eine mit dem anderen eng zusammen: Solange es keine gemeinsame Auslegung dessen gibt, was in der Heiligen Schrift über die Rechtfertigung allein durch Christus und durch Gottes Gnade und über die Kirche und das Amt der Apostel bezeugt wird, werden die Lehrpositionen der Kirchen schwerlich so zueinander finden, dass kein ausschließender Gegensatz mehr zwischen ihnen besteht.

Wo nun aber seit dem II. Vatikanischen Konzil verbindlich klargestellt ist, dass in der katholischen Kirche die Heilige Schrift *das* Fundament der Wahrheit aller Lehre ist, wie sie es auch nach dem Bekenntnis der evangelischen Kirchen ist, da gibt es sehr wohl neue Chancen zu einer Einigung in Wahrhaftigkeit und Verantwortlichkeit. Dazu müssen freilich die Kirchen lehrmäßig den Schatten ihrer Lehrtraditionen überspringen. Was die evangelische Seite betrifft, wird hinzuzulernen sein, dass die Kirche nicht nur auf der Ebene der je einzelnen Ortsgemeinde ihre sichtbar-konkrete Gestalt hat, sondern auch auf der Ebene der Landeskirchen, ja auch auf der der weltweiten Ökumene. Also wird auch über die mögliche Gestaltung eines gesamtkirchlichen Leitungsamtes ernsthaft nachgedacht werden müssen. Die katholische Kirche wiederum wird sich dafür öffnen müssen, dass es zur Einheit der Kirche zureicht, im Elementaren wirklich einig zu sein.

Weil nun aber auf evangelischer Seite selbst zur Zeit im *Gesamt*bereich elementarer Lehre keinerlei deutliche Einigkeit besteht, sondern weithin ein undurchdringlicher Dschungel einander widersprechender Meinungen, wird die evangelische Kirche solange kein verlässlicher Dialogpartner für die katholische Kirche sein können, wie es ihr nicht gelingt, diese konturenlose Pluralität durchweg zu überwinden. Insofern gehören die ersten fünf Kapitel dieses Buches mit dem sechsten eng zusammen; und das Ganze dient dazu, die Fundamente biblischer Theologie klar vor Augen zu stellen, um den ökumenischen Dialogweg zuversichtlich fortsetzen zu können. Ich finde es begeisternd zu sehen, wie nahe wir einander im Grunde sind, wenn wir auf dem Boden der Theologie der Heiligen Schrift die sichtbare Einheit der *einen*, heiligen, weltweiten und apostolischen Kirche zu erreichen suchen, die diese uns zu glauben lehrt und zu erhoffen ermutigt und die wir in den Gottesdiensten unserer beider Kirchen mit dem nizänischen Credo Sonntag für Sonntag bereits bekennen.

Ich weise zum Schluss darauf hin, dass ich alles, was ich in diesem Buch kurz zusammengefasst sage, in meiner »Theologie des Neuen Testaments« ausführlich dargelegt und begründet habe. Dort findet sich auch eine Auseinandersetzung mit abweichenden Urteilen in der Fülle der Fachliteratur, auf die im vorliegenden Band einzugehen ich bewusst verzichte.

Ulrich Wilckens

I

Das Kreuz Christi, die Mitte des Glaubens aller Christen*

Von den zentralen Inhalten christlichen Glaubens ist heute nichts so heftig umstritten wie die Aussage des Apostels Paulus, »dass Christus für unsere Sünden (am Kreuz) gestorben ist« (1Kor 15,3).

Doch nicht erst heute gibt es harte Kritik gegen die christliche Kreuzesbotschaft – schon zu Paulus' Zeit ist ihr vonseiten der Gebildeten der damaligen Öffentlichkeit empörte Ablehnung entgegengeschlagen (1Kor 1,23). Schlichtweg »Unsinn« sei es, Heil zu erwarten von einem Gottessohn, der am Kreuz elend und schändlich gestorben und also gescheitert sei. Und erst recht empörten sich jüdische Gesetzeslehrer: Ein am Holzpfahl Aufgehängter sei auf jeden Fall von Gott verflucht – so steht es in der Tora (Dtn 21,23): Einen solchen Gekreuzigten als Gottes Messias zu verkündigen sei Blasphemie, Gotteslästerung.

Eben dies aber verkündigen die Christen. Für sie ist der Tod Christi am Kreuz von Golgatha *das* Heilsereignis schlechthin. Paulus sagt provozierend, nichts anderes wolle er wissen als Jesus, den Messias – und zwar als Gekreuzigten (1Kor 2,2). Und seinen Kritikern hält er mit beißender Ironie entgegen: Mögen sie es für »Unsinn« erklären, aber dieser Unsinn, den *Gott* zur Rettung des Lebens aller Menschen vollbracht hat, ist weiser als alle Menschenweisheit; und in der Ohnmacht dessen, der am Kreuz hängt, ist Gottes Kraft mächtiger am Werk als in aller Omnipotenz von Menschen (1Kor 1,25).

Durch alle Jahrhunderte hindurch versammeln sich Christen Sonntag für Sonntag zum Gottesdienst unter dem Zeichen des Kreuzes und empfangen im Abendmahl in Brot und Wein den Leib und das Blut ihres gekreuzigten Herrn als Gabe ihres Erlö-

* Eine ökumenische Rede zum Paulusjahr 2008/2009, gehalten am 23. Januar 2009 in der Hauptkirche St. Michaelis zu Hamburg. Zuerst erschienen in: Volker Hampel / Rudolf Weth (Hg.), Für uns gestorben. Sühne – Opfer – Stellvertretung, Neukirchen-Vluyn 2010, 17-32.

sers. Man wird Christ durch die Taufe, durch die man Anteil erhält am Tod des gekreuzigten Christus und darin am Leben des Auferstandenen. Wenn Christen Vergebung ihrer Sünden zugesprochen wird als *Absolution* im Namen Gottes, so erfahren sie sie als Wirkung des Kreuzes Christi – und dabei durchströmt sie eine tiefe Freude darüber, dass ihr Leben *frei* geworden ist von der erdrückenden Last ihrer Schuld. Viele Christen bekreuzigen sich, wenn sie im Gottesdienst den Segen Gottes empfangen oder nachdem sie zu Gott gebetet haben, und in ihrem Gesicht kann man den Frieden ihrer Seele erkennen. So steht das Kreuz Christi lebensbestimmend über uns Christen und über der Kirche: Irgendetwas zentral Wichtiges muss doch daran sein; irgendetwas, das in der harschen Kritik der vielen Ablehnenden gar nicht im Blick steht, ja woran sich diese Kritik schlicht als Missverständnis und Missdeutung erweist.

Das Paulusjahr gibt Anlass, über den *Sinn* des christlichen Glaubens an den gekreuzigten Christus neu nachzudenken. Und wenn wir das tun, wird in verblüffend eindeutiger Weise hervortreten, dass Christen aller Konfessionen darin fundamental übereinstimmen. Das ist eine wichtige ökumenische Erfahrung: Je mehr heute deutlich wird, dass wir Christen in einer weithin nicht mehr christlichen Umwelt leben, umso brennender wird die Aufgabe, dass wir es neu lernen, dieser Umwelt über die zentralen Inhalte christlichen Glaubens Rede und Antwort zu stehen. Und je mehr wir uns theologisch darauf vorbereiten, indem wir die Bibel darüber befragen, umso mehr werden wir gewahr, dass es in der Bibel nur *ein* Evangelium gibt, das uns alle verbindet, und dass wir in dieser *einen* Heilsbotschaft die eine Kirche *sind* (und es nicht erst mühsam werden müssen!). Ich halte es sogar für erwägenswert: Hat Gott vielleicht die ganze ökumenische Bewegung nach der jahrhundertelangen Geschichte konfessioneller Gespaltenheit als neues Ereignis zu dem Zweck entstehen lassen, dass wir Christen durch die Einung im Glauben fähig werden, im öffentlichen Streit um die Wahrheit der Religionen zu bezeugen, was eigentlich das Christliche am Christentum ist und welche tiefe Kraft ihm innewohnt, elementare Lebensprobleme unserer modernen globalen Welt für alle Menschen sinnvoll zu lösen?

Was ist der Sinn der biblischen Rede vom Kreuz Christi? Der Apostel Paulus zitiert in 1Kor 15,3–5 ein Glaubensbekenntnis, das für die gesamte Urkirche von früh an zentrale Geltung hatte:

»Christus (das heißt: der Messias) ist gestorben für unsere Sünden nach dem Zeugnis der Schriften (des Alten Testaments). Er ist begraben worden. Und er ist (von Gott) auferweckt worden am dritten Tag nach dem Zeugnis der Schriften.« Daraus geht erstens hervor: Christus und Gott werden hier wesentlich zusammengesehen. Der Tod Christi am Kreuz und seine Auferweckung durch Gott sind ein einziges Heilsgeschehen. Und zweitens: Darin ist der Heilswille Gottes zur Erfüllung gekommen, der im Alten Testament von Anfang an bezeugt ist.

Beginnen wir mit diesem Zweiten: Das Neue Testament ist voll von Hinweisen darauf, dass das Christusgeschehen in den Schriften des Alten Testaments im Voraus angekündigt wurde. Dabei richtet sich das vordringliche Interesse auf das, was mit der Person Jesu zusammenhängt: dass er der Messias ist, dessen Kommen Gott Israel durch seine Propheten verheißen hat, und darauf, dass er der einzig-geliebte Sohn des einen Gottes als seines Vaters ist. In alldem setzten die ersten Christen als selbstverständlich voraus, was sie mit allen Juden teilten: den Glauben an den *einen Gott,* der das Volk Israel als sein Eigentumsvolk erwählt hat, und das Wissen um die bewegte *Geschichte Gottes mit Israel,* deren Zeugnisse in allen Synagogengottesdiensten regelmäßig aus der Heiligen Schrift verlesen wurden (und noch heute werden).

Wir Christen müssen uns daher in das *Alte* Testament hineindenken, um die Verkündigung und den Glauben im *Neuen* Testament richtig zu verstehen. Das gilt gerade auch im Blick auf die Bedeutung des Kreuzes Christi. Daher ist, bevor wir davon reden, zunächst ein Rückgang zum Kern des alttestamentlichen Glaubens notwendig und hilfreich.

Alles, was Israel glaubt und lebt, ist in dem *Namen Gottes* konzentriert, den Gott nach dem Bericht im Buch Exodus am Anfang seiner Geschichte mit dem Volk seines Bundes offenbart hat. Dieser Name lautet: »Ich bin, der ich bin«, worin zugleich mitzuhören ist: »Auch in aller Zukunft werde ich sein, der ich bin« (Ex 3,14).

Nicht wahr: Das klingt gerade so, als sei Gott das Ideal des modernen Menschen, der eben dies für sich selbst beansprucht: »Ich bin ich« – alle um mich herum müssen mich so nehmen und anerkennen, wie ich sein will, und *über* mir will ich niemanden haben, der über mich zu bestimmen hätte. Der biblische Gott aber versteht sein Ich ganz anders. Zwar ist nur er selbst Gott, er allein; und wer immer es mit ihm zu tun bekommt, darf nur ihn als Gott anerkennen. Gleich im Ersten Gebot heißt es: »Du sollst (ja: du *wirst*) keine anderen Götter neben mir haben«. Moderne Religionswissenschaftler sehen in einem solchen exklusiven Monotheismus einen politisch hochgefährlichen Trend zu einem aggressiv-autoritären Allmachtsgebaren. Was jedoch den *biblischen* Gott betrifft, so zielt *sein* Alleinanspruch darauf, dass er der einzig-eine Gott ganz und gar *für Israel* sein will: »*Dein* Gott bin ich« (Ex 20,2). In der Absolutheit seines Ich ist er *für* die Menschen da, denen er sich *zuwendet*. Sein Ich und sein Für-Dich sind absolut eines. Das ist der Grund dafür, dass Gott sich in seinem *Handeln* als Er-selbst erweist. In der Wirklichkeit dessen, was er *tut*, sollen die Menschen mit der Wirklichkeit der *Person* Gottes zu tun bekommen.

Wem Gott sich *ganz* zuwendet, von dem will und erwartet er allerdings auch entsprechend ganze Zuwendung als Antwort. »*Deinen* Gott sollst *du* lieben mit ganzem Herzen, ganzer Seele, ganzem Gemüt und mit deiner ganzen Kraft«, lautet sein Gebot für die, die in den Bund mit ihm eintreten (Dtn 6,5).

Kaum jedoch hat Gott in diesem Sinn das ›Grundgesetz‹ seines Bundes mit Israel in Gestalt der Zehn Gebote in Stein graviert, ewig gültig – da ist das Volk bereits dabei, diesen Bund zu brechen. Als Mose mit den beiden Steintafeln vom Gottesberg herabkommt, sieht er, wie sie unten selbstgemachte Götter feiern – mit höchster Emotionalität religiöser Selbstbewunderung. Gott nimmt diese Abkehr der Seinen von ihm durchaus ernst: Der Bund ist zerbrochen, nun auch seinerseits. »Ich bin dein Gott« – das kann nun nicht mehr gelten. Doch jetzt erweist sich überraschend, dass Gottes Ich größer ist als das Wir der Aufrührer: Trotz seines Zorns *erneuert* er seinen Bund mit den Treubrüchigen. Nochmals schreibt er dieselben Zehn Gebote auf zwei neue Steintafeln. Zur Begründung vertieft und erweitert er jetzt seinen Namen: »Gott bin ich für dich: barmherzig, gnädig und reich an Liebe und Treue« (Ex 34,6); und in der Mitte steht »langsam zum Zorn«, das heißt: Über allen Zorn gegen Israels Treubruch hinaus reicht die Kraft seines *Erbarmens*. Die, die er liebt, will er nicht an der Wirkung seines Zorns zugrunde gehen lassen. *Gott* ist er, indem er *Sünde vergibt*.

Um zu verstehen, was in der Bibel »Sünde« ist, bedarf es eines weiteren Rückgangs zum Anfang der Geschichte Gottes mit den Menschen, zur Geschichte Adams in Gen 3. Als Gott sein ganzes Schöpfungswerk vollendet hatte, sah er: Alles war *gut* (Gen 1,31).

Das gilt vor allem auch für Adam und Eva: Als sein Ebenbild hat er sie geschaffen. Damit sie es bleiben, verbietet er ihnen, von der Frucht *eines* Baumes zu essen. Über das, was gut und böse ist, entscheidet allein Gott. Doch eben dies sich selbst anzueignen, gelüstet die Menschen – erst dann würden sie über alles verfügen können, was Gott ihnen im Paradies zuwachsen lässt. »Gottes Ebenbild« wollen sie sein, indem sie selbst »wie Gott« entscheiden, was an ihrem eigenen Tun gut und böse ist, was ihnen nützt und nicht nützt. Die Folge ist: Sie gewahren, dass sie »nackt« sind und sich nun selbst zu kleiden suchen müssen. Und Gott gibt sie ihrem Eigenwillen preis – draußen, außerhalb seines Gartens, in der Wüste sollen sie sich mit ihren eigenen Kräften verschaffen, was sie zum eigenen Leben brauchen.

Das also ist Sünde nach biblischem Verständnis: Abkehr von dem Gott, der *Leben gibt;* Selbstzumutung, *sich Leben zu schaffen* allein aus dem, was Menschen sich selbst zu schaffen vermögen; so zu leben, wie sie es selbst wollen; was gut zum Leben ist, für sich selbst zu entscheiden. Was daraus wird, zeigt sich alsbald: Der Bruder wird dem Bruder zum tödlichen Konkurrenten. Aus der beanspruchten Autonomie *des* Menschen wird eine Autonomie *jedes Menschen für sich selbst. Sünde gegen Gott* wirkt sich immer als *Verderben des Lebens* aus, nicht nur des Lebens anderer, sondern auch des eigenen Lebens, der Lebenswelt insgesamt. Ohne Gott als den Geber des Lebens *für alle* kann es sinnvolles, erfülltes, wirkliches Leben nicht geben. Erleben wir nicht in unserer Gegenwart in erschreckendem Maße, was aus unserer Lebenswelt wird, die wir selbst zu produzieren und für uns selbst zu verbrauchen suchen?

In der Geschichte Israels mit seinem Gott geschieht beispielhaft, was für die Geschichte der Menschheit insgesamt gilt: Eine Geschichte immer neuen Treubruchs wird im Alten Testament erzählt, immer neuer Aufsässigkeit im Eigenwillen, der sich selbst alles zutraut, und immer schlimmerer Katastrophen, die daraus folgen; eine Geschichte, in der Gottes Zorn immer mehr Oberhand gewinnen muss und dem heilschaffenden Wirken seiner Erwählungsliebe immer weniger Raum bleibt. Schließlich kommt es zum heillosen Ende. Das babylonische Großreich deportiert die Oberschicht des Volkes Israel, und Jerusalem bleibt als Trümmerhaufen zurück. Gottes Zorn hat Israel dem Willen seiner Sünde preisgegeben. Der Bund vom Sinai ist zerstört.

Das ist nicht misszuverstehen: In seinem Zorn ist Gott den Seinen sehr wohl verbunden. Empört ist er darüber, dass sie seine immer neue Zuwendung immer neu abweisen. Schmerzlich enttäuscht ist er über jedes Nein ihm gegenüber. Er leidet mit an ihrem Elend als der Folge ihres Treubruchs. Würde er sie nicht von Herzen lieben, würde er sich nicht so über sie erregen. Er würde sie einfach zugrunde gehen und ihr Schicksal anderen Völkern zum warnenden Vorbild werden lassen, ja er würde sich vielleicht sogar nach einem andern Volk umsehen, dem er seine Erwählung schenkte statt Israel. Aber genau das kommt für ihn überhaupt nicht in Frage. Seine einmal zugesagte Treue ist unverbrüchlich – sonst wäre er nicht Gott. Doch würde Gott andererseits nicht jede Sünde bestrafen, verlöre seine Gnade jede Kraft. »Billige Gnade« wäre der Tod all seiner Liebe, ein bloßes Wort, das niemand ernst nehmen müsste – wie so viele Versprechen heute, von denen von vornherein jeder weiß, dass auf sie kein Verlass ist.

Vor allem aber: In seiner Liebe nimmt Gott uns als *selbstverantwortliche Personen* und in diesem Sinn als seine *Partner* ernst. Wem er sich verbindlich zuwendet, der soll ihm in Freiheit antworten. Bei einem Automatismus von Liebe und Heil wären seine Erwählten wie Figuren in einem Spiel, aber nicht Menschen, denen Gott als ihr Schöpfer eingestiftet hat, sein Ebenbild zu sein.

Dennoch: Das absolut Wunderbare an Gott ist, dass seine Liebe, in der er den Seinen Leben zugesagt hat, Kraft behält über seinen gerechten Zorn hinaus. In seiner Liebe *erbarmt* sich Gott derer, die sich als Sünder selbst den Tod erwirkt haben. Sein Wort der Vergebung hat *neuschöpferische Kraft*.

Mitten in der aussichtslosen Lage der Gefangenen in Babylon erheben *Propheten* im Namen Gottes ihre Stimme und kündigen Israel Befreiung und Heimkehr in die Heimat an. Der Bund vom Sinai ist zwar zerbrochen. Aber Gott will einen *neuen Bund* mit ihnen schaffen. Dessen Wirklichkeit ist dann jedoch nicht schon eingelöst in dem armseligen und politisch bleibend machtlosen Leben des Volkes nach seiner Heimkehr. Die Verheißung eines neuen Bundes hat eine ganz neue Dimension, weit über die Gegenwart hinaus: In der *endzeitlichen Zukunft* will Gott das am Anfang seinen Erwählten zugesagte Heil *vollkommen* an ihnen verwirklichen, und zwar so, dass zugleich alle Völker die Chance haben werden, sich ihm zuzuwenden und unterzuordnen. Der Prophet Daniel schaut dies in der Vision eines künftigen universalen Reiches, in dem Gott allein der alles bestimmende, allen Heil schaffende Herrscher sein wird. Er werde seinen Messias zum Regenten einsetzen mit *menschlichem* Antlitz statt der unmenschlichen Herrscher der Großreiche irdischer Geschichte, die Daniel als *wilde Tiere* erscheinen. Deren Herrschaft soll dann auf ewig zunichte werden.

In der Zeit bis zu diesem Ende findet zwar das Problem der ganzen Geschichte Israels keine end-gültige Lösung: Das Gottesvolk bleibt weithin im Treubruch. Nur einzelne Gerechte gibt es, aber ihre Zahl bleibt klein. Israel als Ganzes ist permanenter Sünde verfallen und bedarf immer neuer Vergebung, die dem berechtigten Zorngericht Gottes gleichsam immer wieder zuvorkommt. Diese Vergebung wird Israel Jahr um Jahr im Hochfest des »Versöhnungstags« zuteil (*jom kippur*). Im innersten Gemach des Jerusalemer Tempels, der »allerheiligsten« Wohnstätte Gottes inmitten seines Volks, lässt er das Wunder der Befreiung des Volkes von seiner Jahresschuld geschehen (Lev 16): In einer kultischen Symbolhandlung gibt der Hohepriester das Leben von Haustieren Gott anheim *statt* des verwirkten Lebens des sündigen Volks; das Blut dieser Tiere wird vergossen *anstelle* des Blutes der schuldigen Menschen, und so erfährt Israel die Vergebung seiner Sünden. Ohne diese jährliche Befreiung von seiner Sünde müsste Israel zugrunde gehen. Darum hat in den Jahrhunderten nach dem babylonischen Exil der Tempel als Ort der Gegenwart des heiligen Gottes, an dem dieser sein Volk von der unheilträchtigen Wirklichkeit seiner Sünde freikommen lässt, *zentrale Bedeutung* für Israel bekommen.

Beides findet nun im *Wirken Jesu* in ganz neuer Weise zu einer Einheit zusammen: Einerseits verkündigt Jesus das *Reich Gottes*, das Israel in der *endzeitlichen Zukunft erwartet*, als *jetzt und hier anbrechend*: In *seinem* Wirken wird die Heilsvollendung dieses Reiches bereits zeichenhaft wirksam. Darum spricht Jesus geheimnisvoll von *sich* als »dem Menschensohn«: Jesus ist der, durch den Gott seine universale Herrschaft vollstreckt. Andererseits jedoch verkündigt er die Herrschaft Gottes so, dass ihr eigentliches Ziel ist, die *Sünder* aus der Verlorenheit zu wahrem Leben zu erretten. Er verkündigt also *die Vergebung*, die Israel im Hochfest des *jom kippur kultsymbolisch* erfährt, als *endzeitlich-›reales‹* Geschehen: Sünder sollen jetzt die letzte Chance bekommen, am heilvollen Leben im Reich Gottes teilzuhaben; und Gerechte in Israel sollen die Freude Gottes über jeden Sünder, der zu ihm umkehrt, mit ihm teilen.

Doch auch diese neue Initiative Gottes droht zu scheitern, wie alle vorangehenden Bemühungen zur Rettung seines Volkes immer wieder gescheitert sind. Auch der Ruf Jesu zur Umkehr erfährt bei der Majorität des Volkes Ablehnung. Aber nun erweist sich der Rettungswille der Liebe Gottes in seiner überlegenen Kraft endzeitlicher Wirklichkeit: *Jesus selbst* als der Menschensohn, als der eine Sohn des einen Gottes, *gibt sein eigenes Leben hin,* um das der Sünder aus der Verlorenheit zu erretten. Der Tod, in dem die Sünde das Leben der Sünder endgültig verdirbt, trifft nicht die Sünder, sondern den Sohn Gottes selbst. So radikal wirkt sich Gottes Liebe am Ende aus. Schon von Anfang an hat sich Gott denen *hingegeben,* die er liebt. Sein eigenes Ich setzt er *für* sie ein. Dieses Für-Sein Gottes vollendet sich jetzt darin, dass er seinen geliebten Sohn in den Tod dahingibt, den die Sünder sich selbst erwirkt haben, damit sie, die schon Verlorenen, von diesem Tod frei werden und am *Leben* teilhaben dürfen, das Gott denen geben will, die er als die Seinen liebt.

Dies ist das Heilsgeschehen, das *Paulus* zusammen mit allen anderen Aposteln als *das Evangelium Gottes* verkündigt. Es ist der *Tod* Christi am Kreuz, der *Heil* schafft: *Stellvertretend für Sünder* nimmt er deren Lebensverderbnis auf sich, damit sie davon freikommen.

Als jüdischer Gesetzeslehrer, der Paulus gewesen ist, bevor er Apostel des Christus wurde, den er bisher bekämpft hatte, erklärt er seinen ehemaligen Kollegen diese Skandalbotschaft des gekreuzigten Messias Gottes aus der Mitte der Tora: Gewiss, Gottes Gesetz verflucht jeden Sünder. Denn Gott ist gerecht und erwartet gerechtes Tun von denen, die er als solche erwählt hat, die zu ihm gehören. Wer stattdessen Ungerechtes tut, ist des Todes schuldig und wird verdientermaßen im Tod zunichte werden. Aber in seiner Erwählungsliebe will Gott nicht den Tod des Sünders, sondern dessen Leben. Darum hat Christus, Gottes Sohn, uns von dem Fluch des Gesetzes gegen die Sünder erlöst, indem er diesen Fluch an sich selbst am Kreuz hat zum Austrag kommen lassen. So sagt es Paulus im Galaterbrief (3,13). Ein zweites Beispiel solcher Erklärung des Kreuzes für Juden findet sich im 2. Korintherbrief (5,21). Hier überspitzt er die Formulierung und wendet die Logik des Sühnekults vom *jom kippur* auf den Tod Jesu am Kreuz an: Gott hat seinen sündlosen Sohn für uns in die Todeswirklichkeit unserer Sünde hingegeben, damit wir an der Lebenswirklichkeit seiner Gerechtigkeit Anteil gewinnen. Um diese Stellvertretung Christi für uns geht es – Martin

Luther hat im Blick auf diese Stelle vom »seligen Tausch« Christi mit uns gesprochen, an dem unser Heil hängt.

Wenn Paulus an diesen beiden Stellen – und an vielen anderen ähnlichen – von »uns« spricht, dann spricht er nicht nur als Jude zu Juden, sondern er meint die *nicht*jüdischen Christen mit den Juden zusammen. Denn: Für *alle* Menschen ist Christus am Kreuz gestorben. Es ist die Sünde Adams, deren Todeswirkung Christus durch seine Selbsthingabe in den Tod für alle Adamskinder aufgehoben hat – für die *gesamte Menschheit*. Das hat Paulus in einem der dichtesten Denkwege herausgestellt, die er in seinen Briefen den Denkfähigen aller Zeiten immer wieder zumutet (Röm 5,12–21). Dort hebt er darauf ab, dass Christus die Todeswirkung der *Sünde Adams* aufgehoben und ins Gegenteil verwandelt habe. Deren *Aufhebung* eröffnet den Kindern des Todes die *Wirklichkeit heilen, erfüllten Lebens*, so wie sie der Schöpfer seinen Menschen eigentlich zugedacht hat. Dieses Leben ist also nur durch den Tod hindurch zu gewinnen, durch den Tod des Todes – von diesem Gedanken hat im 19. Jahrhundert Hegel seine ganze ›dialektische‹ Philosophie inspirieren lassen: Das wahre Gute, meint er, ist nur durch den Vollzug der Negierung des Negativen zu erreichen. Für den Theologen Paulus freilich ist diese Dialektik die Wirkung des stellvertretenden Kreuzestodes Christi: Sünder werden *gerecht* durch die *Vergebung* ihrer Sünde, die Christus uns erworben hat, indem er unsere Sünde auf sich genommen hat. Zum Leben gelangen wir Todgeweihten durch Christi *Tod*, den er für uns gestorben ist, um unser Leben vom Tod zu *erretten*. Universal *für alle Menschen* gilt dies, weil es *Gottes Sohn* ist, der sein göttliches Leben hingegeben hat, um die Verlorenheit und Verderbnis *alles* Lebens sündiger Menschen aufzuheben. Indem Gottes Liebe ihr Letztes an Selbsthingabe getan hat und so in *ihrer ganzen Allmacht* zur Wirkung gekommen ist, hat sie darin auch ihre Begrenzung auf Israel gesprengt und *alle Völker* mit einbezogen. Alle Sünder, die Christus von ihrer Sünde befreit hat, sind nun Gottes Erwählte. Sehr bewusst schreibt Paulus seine Briefe an seine Gemeinden als Angehörige der universalen »Kirche Gottes« aus Juden und Nichtjuden. Sie alle hat der heilige Gott zu seinen Heiligen berufen (1Kor 1,1f). In Christus ist Gott so in ihrer Mitte zugegen, wie er es zuvor im Allerheiligsten des Jerusalemer Tempels gewesen ist. Im Römerbrief (3,25) kann Paulus vom gekreuzigten Christus geradezu als von diesem innersten Ort des Allerheiligsten sprechen, an dem am großen Versöhnungsfest der Symbolakt zur Vergebung der Sünden Israels vollzogen wurde, die jetzt im Tod Christi für alle Sünder ein für allemal erwirkt worden ist.

Diese universale Heilskraft gewinnt der Kreuzestod Christi freilich dadurch, dass Gott seinen Sohn aus diesem Tod zum Leben *auferweckt* hat. *Kreuz und Auferstehung Christi gehören wesenhaft zusammen*: In der Auferweckung hat Gott der Selbsthingabe seines Sohnes den Sieg erwirkt. Vergebung der Sünden als Rettung verlorenen Lebens erfahren Christen durch ihren gekreuzigten Herrn, der als Auferstandener an Gottes Herrschaft teilhat. In Röm 4,25 sagt Paulus dies so: Gott hat Jesus, unseren Herrn, in den Tod hingegeben um unserer Sünden willen, und er hat ihn auferweckt, damit wir Sünder gerecht werden. Und im 1. Korintherbrief betont Paulus: Wäre Christus *nicht* auferweckt worden, so wäre der ganze Glaube der Christen nichts wert. In der Wirklichkeit unseres Lebens »wären wir noch in unseren Sünden« (1Kor 15,17). Denn ohne Gottes Leben schaffende *Allmacht* wäre Gottes *Liebe* nicht die Liebe *Gottes* im Sinne seines Namens von Ex 34,6. Gott vermag zu verwirklichen, was er will.

Darin zeigt sich noch einmal die tiefe und wesentliche Verwurzelung des *neutestamentlichen* Christusevangeliums im Herzen des *alttestamentlichen* Gottesglaubens. Daraus erwuchs Paulus als dem Missionar der nichtjüdischen Welt jedoch ein schweres Problem: Wie konnte er Griechen verständlich machen, was derart urjüdisch gedacht ist? Zum Dolmetscher sehr verschiedener Sprachwelten musste er werden – ohne dass der Sinn der Botschaft sich verändert.

Auch darin war Paulus ein Meister. Zwar war den meisten Hörern die Rede von dem *einen Gott* durch den Kontakt mit den Juden in den Synagogen, in denen sie bereits heimisch geworden waren, vertraut. Gebildeten Griechen lag ohnehin ein monotheistisches Denken nahe. Auch heute liegt es ja nahe zu denken, es müsse letztlich *einen* Gott ›hinter‹ den vielen Gottheiten der verschiedenen Religionen geben. Aber die Rede vom gekreuzigten Sohn des einen hocherhabenen Gottes wird dann umso anstößiger. Diesen Anstoß konnte und durfte Paulus weder beseitigen noch auch nur abmildern. Das qualvolle Verenden am Kreuz war die unmenschlichste und entwürdigendste Todesstrafe in der Welt des Altertums. Aber die Erlösung von Sünde und Tod durch die Selbsthingabe Christi für uns hat Paulus seinen griechischen Hörern durch Bilder verdeutlicht, die sie aus ihrer Welt kannten.

Von der Großmut eines Gläubigers, der seinen Schuldnern große Summen aus freien Stücken erlässt, hatte bereits Jesus gesprochen (Mt 18, 23–35).

Paulus vergleicht die tödliche Macht der Sünde über das Leben des Sünders mit dem Schicksal der Versklavung, das damals unzähligen Menschen widerfuhr: Christus hat euch *freigekauft* aus dieser Sklaverei. Aber nicht nur Sklaven hatten freien Zutritt zur Kirche Christi, gleichberechtigt mit freien Bürgern, sondern auch freie Bürger selbst wurden im Glauben an den Sohn Gottes gewahr, wie sklavisch abhängig sie im Egoismus ihrer bisherigen Lebensweise gewesen waren. Beide, Freie wie Sklaven, hat Christus aus der Sklaverei der Sünde befreit (1Kor 7, 21–23).

In einem anderen Bild spricht Paulus davon, wie Gott uns mit sich *versöhnt* hat – wie ein Feldherr, der mit seinen Truppen eine Stadt eingekreist hat, sodass ihre Einnahme nur eine Frage der Zeit ist. Aber welch unverhofftes Glück – der Feldherr bietet der Stadt Versöhnung an (2Kor 5,18–20). An dieser Stelle ist besonders deutlich zu erkennen, dass es der Sühnetod Christi am Kreuz ist (V. 21), dessen Erlösungswirkung Paulus den Korinthern mit dem Bild vom Versöhnungsakt Gottes für sie eingängig erklärt.

Es gab in der antiken Literatur noch vielerlei andere Bilder, in denen religiöse Bewahrungs- und Errettungserfahrung ausgedrückt wurden. Im Neuen Testament steht vor allem vor Augen, dass ein Freund für seinen Freund alles zu tun bereit ist, sogar das Leben für ihn zu lassen. Genau das hat Jesus für uns getan, erklärt Jesus im Johannesevangelium seinen Jüngern (Joh 15,13). Auch Paulus gebraucht dieses Bild, doch er betont zugleich das absolut Ungewöhnliche, das Einmalige am Sterben Christi für uns, sind es doch nicht Gerechte als Gottes *Freunde*, sondern Sünder als Gottes *Feinde*, für die er sein Leben hingegeben hat (Röm 5,8). Das tut unter Menschen zweifellos niemand (Röm 5,7).

Alle diese Bilder sind bis zu einem gewissen Grad Verstehenshilfen für Griechen, denen das Denken in der Logik und Sprachweise des jüdischen Sühnekults fremd war. Aber es sind sehr konkrete *Erfahrungen* einer tiefen Befreiung, die die vielen Menschen, die zum Glauben an Christus kamen, tatsächlich in ihrem eigenen Innern gemacht hatten, zuerst bei ihrer Taufe, danach immer wieder bei jeder Begegnung mit der Liebe ihres gekreuzigten Herrn im Mahl des sonntäglichen Gottesdienstes: »Christi Leib, für euch hingegeben« – »Christi Blut, für euch und für viele vergossen«. So konkret diese *Erfahrungen* waren, so konkret wirkten die *Bilder*, mit denen Paulus sie sprachlich zum Ausdruck brachte. All diese Bilder sind dann im Lauf der Zeit zu festen Sprachelementen christlicher Sprache geworden. Sie konnten das, weil sie jeweils etwas Wesentliches vom Christusgeschehen ausdrückten, das als solches zu *begreifen* und zu *verstehen* nur ist, wenn der gekreuzigte Christus mit Gott und Gott mit seinem gekreuzigten Sohn im christlichen Glauben so zentral und so wesentlich zusammen erfahren und zusammen gedacht werden, wie es der Wirklichkeit des Kreuzestodes Christi als der letzten und äußersten Verwirklichung des Namens Gottes von Ex 34,6 entspricht.

Zum Schluss fasse ich das Wichtigste zusammen, um daraufhin die wesentlichen kritischen Einwände zu beantworten, die heute gegen die Heilsbotschaft vom Kreuz Jesu Christi erhoben werden.

1. Der entscheidende Ausgangspunkt, ja die Basis des Christentums, ist: Christen glauben an Gott, der in seinem eigenen Wesen *Liebe* ist: »Ich bin, der ich bin«, heißt sein Name, und als dieser ist er ganz und gar *für* die Menschen da, die er in barmherziger Gnade und treuer Liebe als die Seinen erwählt hat (Ex 34,6). Was für eine Grundgewissheit liegt darin für alle Menschen, dass es diesen Einen *über uns allen* gibt, der so absolut »Ich« ist und dies nicht für *sich selbst* – wie die Menschen unserer modernen westlichen Welt –, sondern für uns alle. Nicht Egozentrik und egoistisches Verhalten sind die letzte Macht, die alles Leben in unserer Welt bestimmt, sondern sich hingebende Liebe. Und christlicher Glaube weiß, ist davon überzeugt und vertraut darauf, dass dieser Gott, der selbst Liebe ist, nicht ein in den Himmel projiziertes Wunschbild ist – nein: Dieser Gott ist als persönliches Gegenüber für uns alle *wirklich da*. Dagegen ist umgekehrt das Bild von einem himmlischen Großtyrannen, der mit uns und der ganzen Welt machen kann und macht, was er will, eine Projektion des modernen Menschen, die, gäbe es sie wirklich, als hochgefährliche Konkurrentin mit Recht zu fürchten wäre. Deshalb ist es schlicht notwendig, *diesem* Gott seine Herrschaft über mich zu bestreiten. Dieser ist das Angstbild des egozentrischen Menschen von sich selbst. Es wäre schrecklich, wenn es tatsächlich einen allmächtigen Gott über mir gäbe, der *mir gleich* wäre! Gegen einen *solchen* Gott wehrt sich daher der moderne Mensch durch einen kämpferischen Atheismus zu Recht. Nach biblischem Glauben jedoch ist umgekehrt der Mensch das Bild Gottes; und weil Gott

Liebe ist, bedeutet seine absolute *Herrschaft über uns* alle, dass wir ihm *absolutes Vertrauen* (Glauben) entgegenbringen können; ihm zu *gehorchen,* ist die einzige Weise, wie wir unser eigenes Ich schützen und »verwirklichen« können. Dieser Glaube wirkt sich in einem Christen so aus, dass er einen eigenen Egoismus als Selbstschutz vor dem Egoismus der anderen nicht mehr nötig hat. Wenn der Gott der Liebe über uns allen ist, können wir selbst vertrauensvoll leben und die anderen um uns her nicht nur ebenfalls leben lassen, sondern einander zum Leben helfen.

2. Christen glauben, dass Jesus in seinem Sterben am Kreuz den Heilswillen Gottes erfüllt, dass also in Christi Selbsthingabe in den Tod *Gott selbst* das Letzte und Äußerste seiner Hingabe für uns getan hat. Aus *Liebe zu uns* ist Christus den Tod an unserer Statt gestorben, den wir uns durch unsere Abkehr von dem Gott des Lebens selbst erwirkt haben. Doch weil es Gottes Zorn ist, der uns diesem Verderben unseres Lebens, diesem Tod mitten im Leben, anheimgibt, hat Jesus am Kreuz den Zorn Gottes gegen unsere Sünde auf sich genommen, damit unser Leben Gott gehört.

Auf diese Weise hat Gott die Strafe seines gerechten und notwendigen Zorns zwar vollzogen, aber nicht an den schuldigen Menschen, sondern an seinem geliebten Sohn. So hat Gott in letztmöglicher Radikalität erwiesen, dass seine barmherzige Liebe die Kraft hat, über seinen Zorn hinaus zu wirken und Sündern Vergebung als Rettung ihres verlorenen Lebens zu schenken – wie er es in der anfänglichen Offenbarung seines Namens in Ex 34,6–7 zugesagt hat.

Gottes Liebe ist nämlich nicht nur eine Regung seines *Gefühls* für uns, seines Mitempfindens mit uns – wie es die meinen, die die ganze Kreuzesbotschaft mit dem Argument bestreiten: Ein liebevoller Gott könne doch durch ein bloßes Wort – »ich bin dir wieder gut« – jede Trennung eines Sünders von ihm aufheben, statt so grausam darauf zu bestehen, die Sünde der Menschen bedürfe einer Sühnung durch den Tod seines Sohnes. Jedoch: Wer so denkt, nimmt weder die Sünde ernst als Abkehr von Gott, die *unser Leben schädigt,* noch die Liebe Gottes als wirkliches Handeln für uns. Sünde besteht in der Schuld, die sie anrichtet, nicht nur in »Schuldgefühlen«, von denen heute fast nur noch die Rede ist. Gewiss: Schuld*gefühle* lassen sich durch Einsicht beseitigen und durch Worte warmer Zuwendung überwinden – angerichtete *Schuld* hingegen kann nur *mitgetragen* werden. Und aus partnerschaftlicher Erfahrung weiß man, wie viel stellvertretendes Auf-sich-Nehmen dessen, was der Partner einem angetan hat, zu gemeinsamer Schuldbewältigung oft nötig ist. Von daher mag sich ein Verständnis dafür gewinnen lassen, wie unendlich groß das Gewicht stellvertretenden Auf-sich-Nehmens ist, das Gottes Liebe sich zugemutet hat, um die Sünde als reale Abkehr der gesamten Menschheit von ihm zu überwinden und die Verderbnis des Lebens der Sünder aufzuheben und zu heilen.

Im übrigen will bedacht werden: Der Umgang mit Schuld beschränkt sich heute weithin darauf, dass einerseits Beschuldigte die ihnen zur Last gelegte Schuld von sich weisen, solange das möglich ist, und dass andererseits Schuldige öffentlich angeklagt und verurteilt und exkommuniziert werden – so wird man die Schuld für sich selbst los. Das Bestreiten eigener Schuld und die Anklage fremder Schuld pflegt die Weise des Umgangs mit Schuld zu sein, wie sie heute vielfach üblich ist. Von *Vergebung* von Schuld ist in alldem kaum die Rede. Daran mag man erkennen, von welch gravierender Bedeutung es ist, dass inmitten einer vergebungslosen Bewusstseinslage unserer Gesellschaft die Botschaft von der Vergebung durch den Kreuzestod Christi verkündigt und geglaubt wird.

3.Der Sieg der vergebenden Liebe Gottes ist dadurch geschehen, dass Gott seinen am Kreuz für uns gestorbenen Sohn zum Leben auferweckt hat. Ohne die Auferstehung Christi wäre sein Tod wirkungslos, wie Paulus im berühmten 15. Kapitel seines 1. Korintherbriefs betont; alle christliche Verkündigung und aller christlicher Glaube wären »leer«, wenn Gott Christus nicht auferweckt hätte (1Kor 15,14–18), wir wären noch in unseren Sünden, es gäbe keine wirksame Vergebung.

Aber wohlgemerkt: Das gilt nur, weil es der für unsere Sünden gestorbene Christus ist, den Gott auferweckt hat. Am Ostermorgen hat Gott nicht nur an Jesus erwiesen, dass er sogar Tote aufzuerwecken vermag, sondern dass er in seiner Allmacht *die Vernichtungsmacht von Sünde und Tod überwunden* hat. Das erweist Gott darin, dass er uns am Auferstehungsleben Christi Anteil gibt.

4.Schließlich: Dies alles ist nur dadurch wahr und stimmig, dass Jesus, der Mann aus Nazaret, Gottes ureigener Sohn war und ist. Die Christen aller Kirchen glauben an das Weihnachtswunder, dass Jesus als Sohn Marias zugleich als der Sohn Gottes zur Welt gekommen ist. Das ist nicht eine theologische Theorie, die

Paulus oder einer der anderen großen Theologen der Urkirche sich ausgedacht hätte, dieser Inkarnationsglaube beruht auf geschichtlicher Wahrheit: Jesus selbst hat bei seiner Taufe durch Johannes den Täufer in einer Vision Gottes Stimme als für ihn bestimmten Zuspruch gehört: »Du bist mein geliebter Sohn« (Mk 1,11). Er selbst wusste sich als der eine Sohn des einen Gottes, seines Vaters (Lk 10,22). Die Königsherrschaft Gottes, die er verkündigt hat, kam in seinem Wort und in seinen Taten zur Wirkung. Die Vergebung, die er Menschen zusprach, war Gottes Vergebung (Mk 2,6–10). So ist es Gott selbst, Gottes ureigene Liebe, die auch im Geschehen seiner Passion, seines Todes am Kreuz von Golgatha und in seiner Auferstehung wirksam war. Durch Gottes Geist wissen Christen sich als Gottes Kinder, weil sie sich mit Jesus, *dem* Sohn Gottes, verbunden erfahren (Gal 4,6–7). Ich bin mir wohl bewusst, dass manche meiner neutestamentlichen Universitätskollegen dieses historische Urteil nicht teilen, sondern die Gottessohnschaft Jesu für eine theologische Idee halten, die erst in der nachösterlichen Kirche entstanden sei. Wäre das so, dann hätte dies allerdings vernichtende Folgen für die Wahrheit des christlichen Glaubens.

Wäre nämlich Jesus *nichts als ein Mensch*, dann hinge die Wahrheit seiner Verkündigung und Lehre von dem Urteil der Menschen seiner Umwelt und Nachwelt ab. Dann wäre vor allem auch sein Tod am Kreuz ein menschliches Schicksal, das bedauernswerte Ende eines von seinen Richtern Verkannten. Aber von der *Vergebungswirkung* seines Todes könnte keine Rede sein; auch diese wäre als eine theologische Theorie zu beurteilen, mit der die ersten Christen das schockierende Ende ihres Lehrers in totaler Ohnmacht und Gottverlassenheit zu einem Heilsereignis umgedeutet hätten. Gleiches müsste dann auch für die Auferstehung Jesu gelten: eine zwar tiefsinnige Idee, um es beim elenden Tod Jesu am Kreuz, beim Scheitern all dessen, was Jesus gelehrt und gewollt habe, nicht zu belassen – aber doch eben eine Idee, von Menschen erfunden und für Menschen nur glaubhaft, wenn sie diese Idee als Bestärkung ihres Glaubens in ihrem eigenen Urteil annehmen. Aber ein *Heilshandeln Gottes* wäre weder im Tod noch in der Auferstehung Jesu als Wirklichkeit zu erkennen. Wer sich heute davon nicht überzeugen lassen kann oder will, könnte im Kreuzestod Jesu nur ein besonders hässliches Ereignis böser Menschengewalt sehen und ihm eine Bedeutung allenfalls in dem Sinn zuerkennen, dass Ideale sich nicht töten lassen, auch wenn die Idealisten, die diese vertreten, ermordet werden, oder im marxistischen Sinn, dass der Kampf gegen Ungerechtigkeit und Gewalt nur durch den Einsatz der Massen gewonnen werden könne, nicht durch religiöse Ideale einzelner Märtyrer.

Es ist wohl wahr: Wer an den Gott, den die Bibel bezeugt, nicht glauben kann oder will, der kann in Jesu Tod am Kreuz keine Wirkung der Vergebung von Sünden und in der Auferweckung des gekreuzigten Christus kein Ereignis der Rettung zu wahrem Leben für alle Menschen erkennen. Seit Lessing und Kant wird dies dem »Kirchenglauben« aus vergangenen Zeiten vor der Aufklärung zugerechnet. – Doch es ist nicht so, dass der Glaube an Gott und an Jesus Christus heute nicht mit vernünftigen Argumenten als für alle Menschen wahr und sinnvoll zu begründen wäre. Und es ist noch keinem der Kritiker gelungen, historisch plausibel zu erklären, wie es dazu gekommen sein könnte, dass in der Situation unmittelbar nach dem Tod Jesu seine Jünger oder irgendwelche andere aus ihrem Freundeskreis den Gedanken erfunden und dafür Glauben erhalten haben sollten, Gott habe ihren Meister, der für ihre Sünden gestorben sei, zum Leben auferweckt und so der Selbsthingabe seines Sohnes ewigen Sieg geschaffen. Und ebensowenig plausibel ist zu erklären, wie ein gebildeter jüdischer Toralehrer wie Paulus diese von seinen Gegnern erfundenen Gedanken eines neuen Glaubens so überzeugt angenommen und so überzeugend Hunderten von Menschen in den griechischen Städten verkündigt haben kann, dass diese alle den Tod Christi für unsere Sünden und seine Auferweckung durch Gott als wirkliches Heilsgeschehen anerkannt haben mit der Kraft eines Glaubens, der in kürzester Zeit seinen Lauf durch die ganze Welt angetreten hat.

Paulus war gewiss ein großer Denker dieses Glaubens, ohne dessen immer neue Denkwege eine Weltkirche aus Juden und Nichtjuden kaum hätte entstehen können. Aber die Überzeugungskraft seiner Theologie gründete in der ausstrahlenden Gewissheit dieses Mannes und aller anderen großen Missionare der Urkirche: dass *wirklich Gott* – der eine Gott Israels selbst – in der Geschichte Jesu gehandelt und darin seine ureigene Liebe zu allen Menschen erwiesen hat und dass dieses Christusgeschehen im Gottesdienst der Kirche für alle glaubenden Christen konkret zu erfahren ist. Diese Gewissheit teilen alle Christen mit Paulus und erleben darin ihre ökumenische Einheit, die unterhalb der trennenden Unterschiede der Glaubenstradition unserer *Kirchen* als das Fundament des einen Glaubens der *einen* Kirche Jesu Christi für uns alle sichtbar wird.

Literaturhinweis

U. Wilckens, Theologie des Neuen Testaments I/2, 54-123; II/1, 200-27.
J. Frey/J. Schröter (Hg.), Deutungen des Todes Jesu im Neuen Testament, 2007.
Modernistische Gegenposition:
K.P. Jörns, Notwendige Abschiede. Auf dem Weg zu einem glaubwürdigem Christentum, ^{3}2006

II

Auferweckung Jesu – Auferstehung der Toten

Dass Gott Jesus, der am Kreuz von Golgatha für uns gestorben ist, aus diesem Tod auferweckt hat, ist die Mitte christlichen Glaubens. Davon war im voranstehenden Kapitel bereits die Rede. Wäre Christus nicht *wirklich auferstanden,* betont der Apostel Paulus, so wäre aller Glaube an ihn ohne Kraft. Darin stimmen alle Zeugnisse des Neuen Testaments überein. Nirgendwo zeigt sich auch nur ein Anschein, dass dies für die damaligen Christen zweifelhaft gewesen wäre. Man spricht zwar von dem Jünger Jesu Thomas als ›dem Zweifler‹; aber das beruht auf einem Missverständnis des Textes. Thomas verweigert den Glauben, solange er nicht an den Händen und Füßen seines Herrn die Nägelmale seiner Kreuzigung berühren kann (Joh 20,25); nur dann nämlich, wenn zu erkennen ist, dass der Auferstandene *Jesus* ist, der Gekreuzigte, ist der Glaube an ihn echt. Das gewährt ihm kurz darauf Jesus in seiner Erscheinung. Für die Leser des Johannesevangeliums ist das von großer Wichtigkeit, denn sie sollen an ihren auferstandenen Herrn in völliger Gewissheit glauben, ohne ihn zu sehen (V. 29); und Zweifel unter ihnen brauchen dann nicht aufzukommen, wenn sie vor Augen haben, dass Thomas ihn unzweifelhaft erkannt hat: »Mein Herr und mein Gott« (V. 28). Ebenso steht es mit dem »Zweifeln« und »Bedenken«, mit denen nach anderen Osterberichten einige Jünger Jesu auf die überraschende Begegnung mit dem Auferstandenen zuerst reagieren (Mt 28,17; Lk 24,38). Dieser selbst in seiner Erscheinung beseitigt aber auch hier alle diese Reserven, und so dürfen *die Leser* der Wahrheit ihres Glaubens ganz gewiss sein.

Dies hat sich *heute* weithin verändert. In der öffentlichen Meinung überwiegt nicht nur der Zweifel, sondern geradezu das unbezweifelbare Urteil, es sei schlicht unmöglich, dass Jesus auferstanden sein könnte. Christen, die dies immer noch glaubten, säßen einem Hirngespinst auf. Bis in weite Kreise in Kirche und Theologie wirkt sich dies Urteil zumindest einschüchternd aus. So stellt sich heute die Frage höchst dringlich, wie sich die Wirklichkeit des Ostergeschehens überhaupt noch ernsthaft annehmen und öffentlich vertreten lasse. Können Christen unserer Gegenwart darin ebenso gewiss sein, wie es die Christen der Urkirche gewesen sind?

Um urteilsfähig zu sein, bedarf es zunächst in einem 1. Teil einer Erkundigung, was genau im Neuen Testament mit »Auferstehung« gemeint ist. Erst dann ist es sinnvoll, in einem 2. Teil die verschiedenen Texte historisch-kritisch so durchzuprüfen, dass sich die Geschichte des urchristlichen Osterzeugnisses erkennen lässt. Dabei wird sich zeigen – darum wird es im 3. Teil gehen –, dass in historisch-kritischen Untersuchungen häufig der entscheidend-leitende Aspekt gar nicht historischer Art ist, sondern vielmehr ›weltanschauliche‹ Gründe hat. Wer nämlich von vornherein davon überzeugt ist, dass die Auferstehung eines Toten aus naturwissenschaftlichen Gründen unmöglich ist, der wird bei seiner historischen Untersuchung bestrebt sein, Argumente zu finden und zu gewichten, die ein wirkliches Geschehensein der Auferstehung Jesu auch historisch ausschließen. Die Folge ist: Die biblischen Zeugnisse werden entweder als bewusste Fälschungen ›entlarvt‹, oder aber als mythische oder als bildhaft-metaphorische Aussagen gedeutet. Zumeist aber wird das »Sehen« der Zeugen als visionäres Schauen, als Vorgang im inneren Bewusstsein der Jünger und Jüngerinnen erklärt. Hier gilt es, mit geschärftem Blick zwischen *historischer* Kritik und sogenannter »*Sachkritik*« zu unterscheiden und die letztere auf der Ebene zu verhandeln, zu der sie gehört: der methodischen Diskussion zwischen Theologie und Naturwissenschaft. Dies soll im 4. Schlussteil geschehen.

1. Der Sinn der biblischen Rede von Auferstehung

Im Alten Testament ist Auferstehung der Toten weithin kein Thema. Die Toten haben ihren Ort in einem eigenen Bereich unter der Erde. Sie »sammeln sich zu den Vätern«, heißt es, und dort bleiben sie. Für die Lebenden kann zwar der Tod eines geliebten Menschen ein sehr schmerzliches Ereignis sein, das Totsein als solches aber ist kein Problem: Wird doch jeder, der heute lebt, zu gegebener Zeit ins Totenreich hinabmüssen. Erst in späterer Zeit und beschränkt auf eine kleine Schicht von Intellektuellen interessiert man sich für die Individualität des eigenen Lebens und so auch für das Geschick des einzelnen Menschen. In diesem Zusammenhang wird die Frage brennend, warum es Gottlosen oft so gut ergeht in vollem Wohlleben und dagegen mir, dem Frommen, so unglücklich und unverdient schlecht (vgl. z.B. Ps 73)? Wenn diese Ungerechtigkeit durch den Tod eines Gerechten endgültig wird, dann kann eine Irritation im Blick auf Gottes Gerechtigkeit entstehen. Bei der Suche nach einer Antwort auf dieses Problem wird erstmals in der Geschichte alttestamentlichen Glaubens die Todesgrenze überschritten: Gott wird über alle Toten in der Zukunft ein letztes, endgültiges Gericht halten, dazu wird er sie aus dem Tod wie aus einem Schlaf aufwecken: Die Gottlosen wird er dann zu *ewigem* Tod verurteilen, seine Gerechten dagegen in ein neues ewiges Leben in seiner Nähe führen (Dan 12,2). Das *Interesse* in solchen ersten Aussagen über eine Auferstehung der Toten liegt nicht darin, dass es für lebendige *Menschen* nicht dabei bleiben könnte, dass ihr Leben im Tod endet, sondern darin, dass *Gottes Gerechtigkeit* am Tod keine Grenze finden kann, über die hinaus er seine Zusage nicht verwirklichen könnte, seinen Auserwählten heilvolles Leben zu schaffen – wo aber auch kein Treubrüchiger sich rühmen können darf, Gott könne ihm letztlich nichts anhaben (Ps 10,11; 73,11; 145,20).

Darin geht nun aber alsbald der *individuelle* Gesichtspunkt in den *allgemeinen* des Verhältnisses Gottes zu Israel als dem Volk seiner Erwählung im ganzen über. Im vorangehenden Kapitel haben wir bereits gesehen: Die totale Erneuerung des Bundes Gottes mit Israel, die er seinem Volk in seinem Gefangenschaftselend in Babylon durch seine Propheten angekündigt hat, ist nach der Heimkehr nach Hause eine großartige Verheißung geblieben, die sich noch nicht in der Gegenwart, sondern erst in der Zukunft einer ganz neuen Heilszeit erfüllen werde. Israel wusste aber: Zum Wesen seines Gottes gehört es, dass er sein einmal gegebenes Wort einhält und zu erfüllen mächtig und willens ist. Was er den Seinen zugesagt hat, das hält er gewiss (Ps 33,4.9; Jes 55,10f). Das gilt nun auch für jene große Verheißung im Blick auf die letzte Zukunft Israels: Für deren Erfüllung wird der Tod all der Generationen, die gestorben sind, noch ohne das zugesagte Heil erfahren zu haben, für Gott ganz grundsätzlich keine unüberschreitbare Grenze sein. Vielmehr wird der Tag kommen, da Gott *ganz Israel* in die unaussprechlich-selige Heilswelt seiner ewigen Nähe führen wird (Jes 43,14-23). In dieser eschatologischen Erwartung der Zukunft ewiger Seligkeit hat die Hoffnung auf die Auferweckung der Toten zentrale Bedeutung gewonnen. Den

Gebeten der Juden zur Zeit Jesu ist diese Hoffnung bereits allgemein völlig vertraut. Auch Jesus hat sie bekräftigt: Ist der Gott Abrahams, Isaaks und Jakobs »nicht ein Gott von Toten, sondern von Lebenden« (Mk 12,26), so wird er alle Israeliten zusammen mit ihren Erzvätern zum Leben auferwecken (Jes 26,19).

Überall in der Verkündigung Jesu ist dieser endzeitliche Horizont maßgebend. Das *Reich Gottes* ist ein Reich *ewigen Lebens* (vgl. Mk 10,17 mit 10,23.25 sowie 10,30). Wenn diese letzte Zukunft anbricht, dann leeren sich alle Gräber, die Toten werden, von Gott aus dem Todesschlaf auferweckt, am ewigen Leben des verherrlichten Gottesvolkes teilhaben. Im Buch des Propheten Hesekiel findet sich eine eindrucksvolle Vision (Ez 37): Gott führt den Propheten in einem Traum vor ein riesiges Gräberfeld und lässt ihn schauen, wie alle diese Gräber sich öffnen und die Toten lebendig herausströmen: ein Bild dafür, wie grenzenlos die Macht Gottes ist, sein Volk aus der Todeswirklichkeit seiner Sünde zum ewigen Leben zu erretten. Nur die Frevler, die partout zur Gerechtigkeit nicht umkehren wollen, werden dann im Tod als ihrem *ewigen* Verderben ›draußen bleiben‹ (Offb 22,15) – und selbstverständlich auch alle Herrscher der Völkerwelt, die den Gott Israels bekämpft und sein Volk unterdrückt haben (Dan 7,26).

Für Juden also war zur Zeit des Neuen Testamentes ›Auferstehung der Toten‹ kein fremdes Thema. In der jüdischen Umwelt gab es nur wenige, die diese Hoffnung nicht teilten.

Ganz neu jedoch war es, dass Christen von der *bereits geschehenen Auferstehung Jesu* und von der Teilhabe der an ihn Glaubenden am Auferstehungsleben des Messias sprachen. Von einer Auferweckung *eines Einzelnen* nämlich, der allgemeinen Totenauferweckung in der eschatologischen Zukunft vorweg, wusste man in Israel nichts. Jesus ist der *erste* aus dem Tod Auferweckte (1Kor 15,20), der *einzige*, den Gott vor dem zukünftigen Anbruch der Heilszeit dem Totenreich entrissen hat.

Das hängt damit zusammen, dass Jesus die Heilswirklichkeit des eschatologischen Gottesreiches in der vollen persönlichen Vollmacht Gottes verkündigt hat; dass er sich in all seinem Reden und Tun als der eine Sohn des einzig-einen Gottes wusste, und vor allem: dass er, dem Heilswillen Gottes gehorsam, stellvertretend für alle Menschen den Tod auf sich genommen hat, den diese sich als Sünder erwirkt haben. Am Kreuz von Golgatha – so lautet die urchristliche Heilsbotschaft, das »Evangelium« – hat Christus Gottes Heilswillen erfüllt und ist zum Erlöser derer geworden, deren Leben sonst in totaler Heillosigkeit enden müsste. Gott hat seinen Sohn aus diesem Tod zum Leben in seiner Nähe auferweckt, damit alle, die an ihn glauben, von der Vernichtungsmacht des Todes über ihr Leben befreit, am Leben ihres auferstandenen Herrn teilhaben. Davon ist im vorherigen Kapitel ausführlich die Rede gewesen.

Das ist nun für das neutestamentliche Verständnis der Auferstehung Jesu sehr wichtig. Sie betrifft zwar Jesus allein, ihre Bedeutung aber betrifft alle durch ihn Erlösten. Gott hat an Jesus nicht nur beispielhaft seine Macht über den Tod erwiesen, so dass es nun alle wissen können, dass Gott Tote zum Leben erwecken kann; sondern es ist die Heilsmacht der von Sünde und Tod errettenden Liebe Gottes, die er als der Gott Israels im Tod und in der Auferweckun seines Sohnes für alle verlorenen Menschen verwirklicht hat.

Dies ist es, was in unseren Kirchen Jahr für Jahr neu gefeiert wird. Der Jubel der Osterfreude singt der ganzen Welt ihre letzte Rettung zu, die der eine Jesus Christus für alle vollbracht hat. Alle Schuld ist gelöscht, alles Leben geheilt, für alle, die an ihn glauben, eine Zukunft geöffnet, in der alles gut wird. In dieser Hoffnung eröffnet sich ein Blick unendlich weit über allen Tod und über alle bedrückenden Sinnlosigkeiten irdisch-gegenwärtigen Lebens hinaus, eine Aussicht auf eine Ewigkeit, vor der man sich nicht ängstigen muss als vor einem dunklen ewigen Nichts, sondern die man mit großer Zuversicht und Freude erwarten darf. Dies alles gründet sich auf die Auferweckung Jesu als das einzige Geschehen, in dem die endzeitlich-ewige Wirklichkeit der ganz und gar neuen Lebenswelt Gottes mitten in der vergehenden Wirklichkeit von Sünde und Tod aufleuchtet, ja bereits in das Leben der Menschen hineinwirkt, die sich auf sie im Vertrauen des Glaubens voll und ganz einlassen.

2. Die Erfahrung der Wirklichkeit der Auferstehung Jesu nach dem Zeugnis des Neuen Testaments

Was nun die *historische Untersuchung der Ostertexte* angeht, ist zunächst im Vorhinein dreierlei anzumerken. Als *Erstes:* Das *Geschehen* der Auferstehung Jesu selbst wird im Neuen Testament nirgendwo berichtet. Kein Mensch hat gesehen, dass und wie der Tote zum Leben gekommen ist. Bezeugt sind nur Folgeereignisse der Auferstehung Jesu selbst.

Und auch ein *Zweites* ist festzustellen: Es handelt sich durchweg nicht um die Wiederbelebung des Toten, nicht also um eine Rückkehr Jesu in sein Leben, wie er es zuvor geführt hat. Die Wiederbelebungen, von denen in den Evangelien als Wundertaten Jesu berichtet wird, unterscheiden sich *wesenhaft* von der Auferstehung des Gekreuzigten, den Gott in sein eigenes ewiges Leben zu sich erhoben hat. Diese ist, wie gesagt, ein *endzeitliches* Geschehen, das in der bisherigen Geschichte Israels beispielloseinzigartig ist. Deswegen lässt sich von ihr nicht so reden wie von irgendeinem anderen Geschehen. Die Wörter Auferstehung/Auferweckung sind bildhafte Ausdrücke, Metaphern, die etwas, was sich allgemein-menschlicher Erfahrung entzieht, mit bekannten Vorgängen umschreiben: Wie aus dem Schlaf der Toten hat Gott Jesus »aufgeweckt«. Wie einer, der sich nach dem Nachtschlaf von seinem Lager erhebt, ist Jesus aus dem Tod »aufgestanden«. In solcher Rede in Bildworten handelt es sich also um etwas, dessen *Wirklichkeit* zwar feststeht, für die es aber keinen zutreffenden *Begriff* gibt, weil sie den Erfahrungsbereich normaler Sprache insgesamt überschreitet.

Ein *Drittes* ist schließlich im Vorhinein zu beachten. Von der in der Alten Welt verbreiteten Vorstellung, dass sich im Tod eines Menschen seine Seele von seinem Leichnam löse und sich zu einem leiblosen geistigen Leben erhebe, ist die neutestamentliche Rede von der Auferstehung Jesu durchaus unterschieden. Nach jüdischem Verständnis ist der Mensch ein ganzheitliches Wesen, in dem Leib, Seele und Geist eine lebendige Einheit sind. Im Tode entweicht zwar das vom Schöpfer eingehauchte Leben aus dem Körper des Menschen, der dann zu Erde wird, aus der Gott ihn erschaffen hat. In der Welt der Toten existieren nur leblose Schatten der zuvor lebend Gewesenen. Eine Auferstehung der Toten erwartet das Judentum daher durch ein schöpferisches Handeln Gottes, in dem Gott sein Schöpfungshandeln dadurch überbieten wird, dass er nicht nur aus einem Erdenkloß einen lebendigen Menschen macht, sondern *Tote* zu neuem leiblichem Leben erweckt. Gott wird dann nicht nur die Seelen aller Verstorbenen um sich versammeln, sondern es werden die ›Personen‹ als ganze sein, denen Gott ihr Leben *neu erschaffen* wird. So ist auch im Neuen Testament vom auferstandenen Jesus die Rede: Es ist *Jesus selbst* in seiner geschichtlich-konkreten Person, dem Gott mitten aus dem Tod heraus sein eigenes Leben in neuer leiblicher Gestalt geschaffen hat.

Von daher ist beides zu verstehen: einmal, dass in der Ostergeschichte der Evangelien der Engel die geschehene Auferweckung Jesu verkündigt, indem er als Zeichen dafür auf das leere Grab verweist: »Ihr sucht Jesus von Nazareth, den Gekreuzigten. Er ist auferweckt, er ist nicht hier. Siehe den Ort, wo sie ihn beigesetzt haben!« (Mk 16,6). Und Lukas verstärkt das: »Was sucht ihr den Lebenden bei den Toten?« (Lk 24,5). Die Auferstehung Jesu betrifft also auch seinen Leib mit, darum ist das Grab Jesu leer. Wie immer in eine endzeitlich neue Wirklichkeit *»verwandelt«*, ist der Auferstandene doch *leibhaft identisch* mit dem Jesus von Nazareth, als der er gelebt und gewirkt hat und schließlich am Kreuz gestorben ist. Nach jüdischer Auffassung ist die Identität der Person nur leibhaft-ganzheitlich gegeben: Ich bin mein Leib, und mein Leib bin ich.

Von daher erklärt sich nun auch, dass die Jünger, denen Jesus als Auferstandener selbst begegnet, ihn als Jesus, ihren Herrn, erkennen, in welch veränderter leiblicher Gestalt auch immer. Es ist seine ihnen vertraute Stimme, mit der er sie anspricht, und in der Geschichte von den beiden Jüngern im Dorf Emmaus ist es die Art, wie er zur Eröffnung des gemeinsamen Mahls selbst den Mahlsegen spricht und das Brot bricht. So hatte es Jesus immer getan – daran erkennen sie ihn! Gerade in dieser Emmausgeschichte wird deutlich: Einerseits ist die leibliche Gestalt des Auferstandenen so andersartig, dass die beiden Jünger ihn während der langen vorausgegangenen gemeinsamen Wanderung für einen Fremden gehalten haben. Andererseits ist es dann das Mahl, das immer der zentrale Ort seiner leibhaftigen Gemeinschaft mit ihnen gewesen ist, bei dem sie jetzt gewahr werden, wer dieser Fremde ist: Jesus. Und nun verstehen sie auch, warum ihre Herzen die ganze Zeit so sehr »brannten«, als er zu ihnen redete.

Die Leibhaftigkeit seines Handelns und besonders seiner Rede macht den Jüngern gewiss, dass der Auferstandene Jesus ist, ihr Herr, der sie als seine Jünger berufen hatte und dem sie nachgefolgt sind bis zu seinem Ende in Jerusalem. Lukas und Johannes betonen daher, dass die Wundmale an den Händen und Füßen des Auferstandenen ihn eindeutig als den Gekreuzigten ausweisen (Lk 24,39f; Joh 20,20). Thomas macht das geradezu zur Bedingung seines Glaubens an ihn (Joh 20,25).

Zugleich jedoch ist die Leiblichkeit des Auferstandenen von der Jesu in seiner Lebenszeit deutlich unterschieden. Er erscheint seinen Jüngern überraschend, ist plötzlich da und spricht sie an. Niemand von ihnen weiß, woher er gekommen ist; und ebenso plötzlich verschwindet er auch wieder (Lk 24,31). Im Johannesevangelium steigert sich dies ins Extreme. Durch die verschlossene Tür hindurch tritt Jesus in die Mitte seiner Jünger (Joh 20,19); und bei seiner Erscheinung am Galiläischen See schildert der Evangelist besonders eindrücklich, dass die Jünger in tiefer Beklommenheit ihren auferstandenen Herrn nicht zu fragen wagen: »Wer bist du?«, obwohl es ihnen gewiss ist, dass es Jesus ist, zu dem sie ans Ufer gerudert und um den in ihrer Mitte sie hier beim Mahl versammelt sind wie immer zuvor (Joh 21,12).

An einer Stelle im Lukasevangelium wird freilich die Tatsache der vollen Leibhaftigkeit des Auferstandenen so drastisch geschildert, dass dieser geradezu wie ein Reanimierter erscheint. Er lässt seine Jünger seine Hände und Füße nicht nur sehen, um sie davon zu überzeugen, dass er der Gekreuzigte ist, der lebend vor ihnen steht; sondern die Jünger sollen ihn anfassen, um sich zu vergewissern, dass er, der »Fleisch und Knochen« hat, kein Geist sein kann (Lk 24,39), wie sie es zunächst befürchtet haben. Aber gerade daran ist zu erkennen, dass es hier Lukas ist, der seinen Lesern sozusagen den Rücken stärken will gegenüber der Vorstellung, die Erscheinung des auferstandenen Jesus sei eine bloße Geistererscheinung gewesen. Ob es nun Gegner waren, die den Auferstehungsglauben der Christen auf solche Weise lächerlich machen wollten, oder ob es vielleicht auch eine Gruppe christlicher Spiritualisten war, die Lukas durch das Wort des Auferstandenen selbst zu widerlegen sucht, – deutlich jedoch ist auch hier: Als Reanimierung will Lukas die Auferstehung Jesu keineswegs verstanden wissen. Um die *leibhaftige Identität* des Auferstandenen mit Jesus von Nazareth geht es ihm – wie den anderen Evangelisten auch. Und wenn Lukas im Unterschied zu diesen die Zeit der Erscheinungen auf 40 Tagen begrenzt und mit dem Ereignis der Himmelfahrt in Bethanien abgeschlossen sein lässt (Lk 24,50; Apg 1,9-11), so besteht sein Anliegen darin, das Ostergeschehen als ganzes der Geschichte Jesu zuzuordnen und von der nachfolgenden Zeit der Geschichte der Kirche deutlich zu unterscheiden. Die Kirche hat die Geschichte Jesu – und als deren Höhepunkt das Passions- und Ostergeschehen – als Heilsbotschaft zu verkündigen. Das ist der übereinstimmende Inhalt aller Predigten des Petrus, die Lukas in seiner Apostelgeschichte dem Leser vor Augen führt und zu Herzen gehen lässt. Der Tod und die Auferstehung Jesu sind der zentrale Inhalt christlichen Glaubens. Darin hat Gott die von seinem Sohn verkündigte Herrschaft Gottes zu ewigem Sieg vollendet. Alle, die an Jesus als den Herrn glauben, haben an diesem Sieg persönlich teil, sie erlangen Vergebung aller Sünden, empfangen Gottes Geist zu einem Leben aus Gottes Kraft und gehören so zur endzeitlichen Heilsgemeinde Gottes (Apg 2,38f).

3. Die Wirklichkeit der Auferstehung Jesu

Dieser ganze Aussagenzusammenhang neutestamentlicher Auferstehungsverkündigung steht seit zweieinhalb Jahrhunderten unter dem Druck einer Kritik vernünftiger Wissenschaft, die die Wirklichkeit der Auferstehung Jesu bestreitet und so auch den Auferstehungszeugnissen des Neuen Testaments jeglichen historischen Wert abspricht. Vielfach gilt heute als das redlicherweise nicht mehr bestreitbare »*Ergebnis*« historisch-kritischer Auslegung der Texte: In diesen komme durchweg nur die Glaubensweise und die theologische Aussageabsicht der biblischen Autoren zu Wort, und diese seien überdies so stark voneinander verschieden, dass ein einheitliches Gesamtbild auch historisch nicht zu erkennen sei.

Hier gibt es jedoch kräftige Gründe, solcherart historisch-kritischer Exegese historisch-kritisch zu widersprechen. Denn wer von vornherein mit dem festen Urteil, Auferstehung von Toten sei grundsätzlich unmöglich, an die Texte herangeht, die eben dies bezeugen, wird ihnen *historisch* schwerlich gerecht werden können. Um solche Vorurteilsstruktur zu vermeiden, ist es ratsam, das eigene Urteil zunächst zurückzustellen, um den Zeugnissen in dem, was sie sagen und sagen wollen, möglichst genau zuzuhören. Was den Sinn ihrer Rede von der Auferstehung Jesu betrifft, haben wir das Wichtigste bereits zusammengetragen. Jetzt soll es darum gehen, den geschichtlichen Hergang und Zusammenhang des Ostergeschehens zu erkennen.

Das Osterzeugnis des Neuen Testaments besteht in zwei verschiedenen Blöcken. Da ist einerseits der Bericht von der *Auffindung des leeren Grabes Jesu,* mit dem das Ostergeschehen in allen vier Evangelien beginnt. Die Handelnden sind hier drei Jüngerinnen Jesu, die die Tatsache der Auferstehung Jesu durch einen Engel erfahren. Andererseits gibt es Zeugnisse von *Erscheinun-*

gen des auferstandenen Jesus selbst, die bestimmten Jüngern und Jüngerinnen an verschiedenen Orten und in verschiedenen Situationen widerfahren ist.

Was das Erste betrifft, so ist das Berichtete historisch vollauf nachzuvollziehen. Die Jüngerinnen, die Jesus zusammen mit den Jüngern von Galiläa nach Jerusalem nachgefolgt waren, sind die einzigen Zeugen der Kreuzigung, des Todes und der Bestattung Jesu (Mk 15,47). Die Jünger sind bei der Gefangennahme ihres Herrn geflohen (Mk 14,50), nur Petrus ist dem Zug zum Palast des Hohenpriesters gefolgt (14,54), danach verliert sich auch seine Spur. Weil am Abend der Schabbat beginnt, halten die Jüngerinnen die Schabbat-Ruhe bis zum Abend des folgenden Tages ein. Erst dann kaufen sie Salböle, mit denen sie den Leichnam Jesu einbalsamieren wollen. Sie haben nämlich beobachtet, dass dies bei der Beisetzung durch Josef von Arimathia noch nicht geschehen war. Der Bericht in Joh 19,39f, dass Nikodemus dies zusammen mit Josef getan habe, ist sehr wahrscheinlich eine Zutat des vierten Evangelisten, dessen Erzählweise durchweg symbolischer Art ist im Sinne einer theologischen Tiefendeutung des Geschehens (vgl. Joh 3,1-10; 7,30). Das Argument, bei der Hitze in Palästina sei eine Salbung des Leichnams am dritten Tag schlechthin unmöglich, verliert sein Gewicht angesichts der Tatsache, dass es in der Jahreszeit des Passafests noch sehr kalt sein kann, besonders in der Höhenregion Jerusalems. Die Frauen finden die Grabstätte geöffnet, der Verschlussstein ist weggerollt. Voller Erschrecken schauen sie in die Grabkammer hinein und hören dort aus dem Munde eines Engels völlig überraschend, dass Jesus, den sie suchen, auferstanden ist. Der Engel gibt ihnen den Auftrag, nach Galiläa zu gehen und den Jüngern mitzuteilen, dass sie den Auferstandenen dort sehen werden. Doch nach dem Bericht des Markusevangeliums sind die Frauen so sehr vom Erschrecken über dieses wider alles Erwarten bestürzend Erlebte bestimmt geblieben, dass sie dem Auftrag des Engels, nach Galiläa zu gehen, nicht nachgekommen, sondern in Jerusalem geblieben seien (Mk 16,8). Auch dies ist durchaus nachzuvollziehen.

Der andere Überlieferungsblock sind die sogenannten Erscheinungen des Auferstandenen. Der Weisung des Engels an die Frauen ist zu entnehmen, dass die Jünger, die bei der Verhaftung Jesu geflohen waren, offenbar auf die Nachricht von seinem Tode am Kreuz hin in ihre Heimat nach Galiläa zurückgekehrt sind. Darüber gibt es zwar keinen eigenen Bericht. Ein solcher ist aber auch gar nicht zu erwarten. Denn das allein Überlieferungswerte und -nötige war doch, dass den Jüngern in Galiläa – in der Region des vorherigen Wirkens Jesu – Jesus als Auferstandener begegnet ist. Nach der alten überlieferten Nachricht in 1Kor 15,5 ist Petrus der erste gewesen, darauf folgten die zum Zwölferkreis gehörenden Jünger, die Jesus zuvor als besondere Gruppe zu seinen ständigen Begleitern berufen und am Ende seines Wirkens in Galiläa als seine Boten ausgesandt hatte, um seine Botschaft vom Reich Gottes in allen Ortschaften zu verkündigen (Mk 3,14-19; Mt 10,1-4). Die 12-Zahl entspricht der Zahl der Stämme Israels. In der Gründung dieser 12-Gruppe zeigt sich also die Zielrichtung der Verkündigung Jesu an: Ganz Israel soll sie hören und am vollendeten Heil des Reiches Gottes teilhaben. So ist zu vermuten, dass die Erscheinung des Auferstandenen die Botensendung dieser Zwölf jetzt erneuert – nunmehr zur Verkündigung seiner Auferweckung.

Dazu muss man wissen: Der Begriff »Erscheinung« begegnet im Alten Testament bevorzugt als Wort für das Widerfahrnis einer *Gottes*begegnung zum Zweck eines besonderen Auftrags. Wenn im Neuen Testament von »Erscheinungen« Jesu als Auferstandenem die Rede ist, so klingt darin für alle mit biblischer Sprache Vertrauten die *Nähe des Auferstandenen zu Gott* an. *Gott* ist es, der Jesus, den Gekreuzigten auferweckt hat, als Gottes Sohn »erscheint« er. Nach einem alten Glaubensbekenntnis, das Paulus zu Beginn des Römerbriefes anführt, ist Jesus durch seine Auferweckung als Gottes Sohn in die volle Machtstellung Gottes eingesetzt worden (Röm 1,4). Dem entspricht, dass Lukas in der Apostelgeschichte die Erscheinung des auferstandenen Christus vor Paulus und dessen Berufung zum Völkerapostel als eine Machthandlung des lichtstrahlenden Auferstandenen vom Himmel her berichtet (Apg 9,3). Gleicher Art waren vermutlich auch alle anderen Erscheinungswiderfahrnisse.

In 1Kor 15,6-8 zählt Paulus die wichtigsten weiteren Erscheinungen des Auferstandenen auf. Nach Petrus und den Zwölf nennt er »über 500 Brüder«, danach den leiblichen Bruder Jakobus zusammen mit allen, die durch den Auferstandenen zu Aposteln berufen worden sind; und als »den letzten von diesen allen« nennt er sich selbst.

Die »über 500« lassen sich als eine Versammlung aller galiläischen Jünger Jesu erklären, die aufgrund der Berufung des Petrus und der Zwölfergruppe sogleich zusammenströmten. An dem Ort, wo sie sich versammelt haben, tritt ihr Herr als Auferstandener in ihre Mitte und macht sie zum Kern der endzeitlichen Heilsgemeinde Gottes. Denkbar ist aber auch, dass diese Erscheinung in Jerusalem stattgefunden hat. Denn dorthin müssen die Jünger von Galiläa aus sodann gezogen sein. Jerusalem, die Hauptstadt und religiöse Mitte Israels, ist von Anfang an zum Ort der ältesten christlichen Gemeinde geworden. Hier war Jesus gekreuzigt und auferweckt worden. Darum musste Jerusalem die Mitte all derer sein, die durch ihn zur endzeitlichen Gemeinde des erneuerten Israel berufen sind. Nach Jerusalem ist auch die Familie Jesu gezogen, wahrscheinlich als Folge der Erscheinung des Auferstandenen vor seinem Bruder Jakobus. Nach dem Bericht des Lukas befanden sich Jesu Mutter Maria zusammen mit ihrer ganzen Familie bereits sehr früh in Jerusalem (Apg 1,14). Nun findet sich zwar über den Ortswechsel von Galiläa nach Jerusalem im Neuen Testament keinerlei Nachricht. Aber ein Interesse, eine solche Nachricht in der Kirche als zentrale Osterüberlieferung festzuhalten, bestand sicherlich nicht. Die Erscheinungen des Auferstandenen waren *das* zentrale Gründungsereignis der Urgemeinde, sie allein waren es, die für alle Zeit überliefert werden mussten.

So fügen sich nicht nur die verschiedenen Einzelnachrichten zu einem Gesamtbild zusammen, sondern es findet auch ein Problem eine überzeugende Lösung, über das früher viel gestritten worden ist: dass sich nämlich nach dem Lukasevangelium alle Osterereignisse in Jerusalem ereignet haben, vor allem bereits die erste Erscheinung vor den Jüngern des Zwölferkreises. Dies ist eine Differenz, die sich nur durch eine kritische Entscheidung lösen lässt: Zur Zeit, als Lukas sein Evangelium schrieb, war in der Jerusalemer Urgemeinde nur noch bekannt, dass Petrus und die Zwölf der älteste Leitungskreis gewesen waren. Von Christen in Galiläa weiß Lukas nichts, wie die Apostelgeschichte zeigt – es gab zu seiner Zeit also keine in Galiläa ansässigen Christen. In der Überlieferung war Galiläa das Land, in dem Jesus vor seinem Zug nach Jerusalem gewirkt hatte, und Jerusalem der Ort seiner Passion und Auferstehung und deshalb der Ort seiner Gemeinde. Also haben für Lukas alle Erscheinungen ›selbstverständlich‹ in Jerusalem stattgefunden. Und so ließen sich diese wiederum auch mit dem Bericht vom Ostererlebnis der Jüngerinnen im Grab Jesu zu *einem* Zusammenhang von Ereignissen in Jerusalem vereinen. An die Grabesgeschichte, die der älteste Evangelist Markus erzählt, konnte Lukas die verschiedenen Erscheinungsberichte, die er aus der Überlieferung kannte, einfach anfügen. Johannes schließlich hat die Galiläa-orientierte Ostergeschichte des Markus und Matthäus einerseits und die Jerusalem-zentrierte Ostergeschichte des Lukas andererseits einfach in zwei verschiedenen Teilen nacheinander erzählt: In Joh 20 spielt das Geschehen in Jerusalem, in Joh 21 danach in Galiläa.

So lassen sich die Verschiedenheiten der Ostergeschichten der Evangelien historisch durchaus plausibel erklären. Direkt miteinander verglichen, erscheinen sie als Widersprüche, die wiederum die historische Frage nach den wirklichen Ereignissen in ein ungünstiges Licht rücken. Daraus ist in der Anfangsphase historisch-kritischer Exegese kräftig Kapital geschlagen worden. Dazu ist auf die von Lessing herausgegebenen »Fragmente eines Ungenannten« (Reimarus) und auf die darauf folgende Kontroverse zwischen Lessing und dem Hamburger Hauptpastor Goeze hinzuweisen. Heute sieht man diese Verschiedenheiten als Eigenheiten des literarischen Werks der Evangelisten. Markus wusste noch von den Erscheinungen in Galiläa und lässt den Engel im Grabe Jesu auf sie hinweisen. Matthäus folgt ihm und berichtet von der Erscheinung vor dem Zwölferkreis in Galiläa. Lukas gibt dieser Ersterscheinung ihren geziemenden Ort in Jerusalem. Und Johannes macht daraus einen zweiteiligen Bericht.

Umso deutlicher aber zeigt sich als *historischer Kern* alles Ostergeschehens einerseits die Geschichte von der Auferstehungsverkündigung des Engels im leeren Grab Jesu; andererseits eine Reihe von Erscheinungen des Auferstandenen selbst. Die ersten Erscheinungen ereigneten sich in Galiläa, weitere in und um Jerusalem. Die letzte Erscheinung, die vor Paulus auf dem Wege nach Damaskus, ist historisch von besonderer Wichtigkeit, weil sie das einzige unmittelbare Selbstzeugnis ist. Paulus spricht von dem ihm Widerfahrenen ebenso als einer »Erscheinung« wie von den Widerfahrnissen aller Zeugen vor ihm (1Kor 15,5-8). Er bezeugt so zugleich auch diese als allen Christen wohlbekannte »Offenbarungs«ereignisse (Gal 1,16). Wer gleichwohl diese allesamt als Visionen erklärt, setzt sich in Widerspruch zu dem einhellig Bezeugten.

Im übrigen ist die Tatsache, dass das Geschehen im leeren Grab Jesu in Jerusalem und die Ersterscheinungen in Galiläa offensichtlich unabhängig voneinander geschehen sind, ein gewichtiges Argument für die geschichtliche Wahrheit des urchristlichen Auferstehungszeugnisses.

4. Die Wirklichkeit der Auferstehung Jesu im Streit mit moderner Naturwissenschaft

Dieser Zusammenhang des im Neuen Testament bezeugten Ostergeschehens muss nun in einer Auseinandersetzung mit den ›*sach*-kritischen‹ Argumenten einer grundsätzlichen Bestreitung der Wirklichkeit der Auferstehung Jesu auf seine Wahrheit geprüft werden.

Von entscheidender Bedeutung ist das Urteil aus naturwissenschaftlicher Sicht: Dass ein Mensch wie Jesus aus vollendetem Tod zu neuem Leben auferweckt werden könne, widerspreche den Naturgesetzen und müsse darum als schlechthin unmöglich beurteilt werden. Dabei steht zumeist eine Reanimation im Blick. Als solche aber wird die Auferstehung Jesu im Neuen Testament nicht bezeugt. Dort geht es um einen kreativen Akt Gottes, durch den der am Kreuz gestorbene Jesus zu einem neuen Leben endzeitlich-›anderer‹ Art auferweckt worden ist. Doch sofern dies dem *toten* Jesus widerfahren ist, ist auch dieses Geschehen von dem naturwissenschaftlichen Einwand betroffen. Nach all unserem Wissen um die Gesetze der Natur kann der im Tod vollendete Prozess des Sterbens grundsätzlich nicht aufgehoben werden. Manche Naturwissenschaftler der Gegenwart fügen dazu noch das andere Urteil hinzu: Auch einen *Gott*, der so kreativ festen Naturgesetzen zuwider zu handeln vermöchte, könne es unmöglich geben.

Weil es sich bei der Auferweckung Jesu um einen ebensolchen kreativen Akt *Gottes* handelt, muss die Auseinandersetzung bei diesem zweiten Urteil ansetzen. Im Kreise der Naturwissenschaftler selbst gibt es eine Urteilsdifferenz über die Frage, ob die Regelhaftigkeit alles Naturgeschehens grenzenlos-absolut für das Ganze der Wirklichkeit zutrifft, so dass es darüber hinaus irgend etwas ›Transzendentes‹ schlechterdings nicht geben *kann* – oder ob mit einem solchen apodiktischen Urteil umgekehrt die Grenze naturwissenschaftlicher Sprache überschritten wird. Das wird dort akut, wo es darum geht, das Verhältnis zwischen Zufälligkeit und Notwendigkeit, Kontingenz und Gesetzmäßigkeit im Naturgeschehen zu verstehen. In der ›Geschichte‹ der Evolution geschieht ja ständig Neues, dem sich anpassen und entsprechend verändern muss, was überleben will und überlebensfähig ist. *Wie* sich das vollzieht, geschieht zwar nach festen Regeln. Das jeweils neu sich Ereignende selbst folgt jedoch diesen Regeln nicht – ob es anderen, besonderen Regeln folgt, ist eine Frage, die sich nur teilweise beantworten zu lassen scheint, nicht jedoch im Ganzen.

Erst recht gilt das im Blick auf den Anfang alles Naturgeschehens: Hier muss in der Konzentration ungeheurer Energiemengen Kontingenz und Gesetzlichkeit eines gewesen sein, wenn denn der sogenannte »Urknall« gesetzmäßige Abläufe initiiert hat, in denen sich dann immer wieder – ja immerfort – Kontingentes ereignet. Aber *verstehen* lässt sich diese Ureinheit nur in einem Überschritt auf eine andere, ›höhere‹ Ebene, die sich zwar mathematisch denken, nicht aber empirisch beweisen lässt. Alles empirische Wissen gelangt hier jedenfalls an seine Grenze. Es dürfte weise sein, es dabei zu belassen. Denn dass es töricht ist, diese Grenze für absolut zu erklären und alles darüber Hinausgehende für nichtig und unwahr, erscheint zumindest insofern einleuchtend, als dann das Grund*problem,* wie sich Kontingenz und Regelhaftigkeit in der Wirklichkeit der Natur zueinander verhalten, unerklärbar wird. Lässt man dagegen die ›Transzendenz‹ frage offen, dann besagt das zwar, dass alles darüber Hinausgehende naturwissenschaftlich *nicht zu beweisen,* aber auch *nicht zu bestreiten* ist. Dieses Urteil hinwiederum wird alle nichtnaturwissenschaftliche Wissenschaft auch ihrerseits nicht bestreiten dürfen, metaphysische Philosophie ebensowenig wie alle mit Kunst oder auch mit Religion befasste Wissenschaft.

Nun ist die biblische Grundaussage die, dass Gott als der *Schöpfer* von allem auch die Gesetze alles Geschehens in seiner Schöpfung bestimmt. So spricht die Theologie von der Schöpfung nicht allein als von einem Ereignis des Uranfangs, sondern zugleich von einem ständigen Schöpfungswirken Gottes (creatio continua), durch das alles Bestehende ständig hervorgerufen wie auch in seinem Dasein erhalten wird und im Zusammenhang mit allem anderen seine Bestimmung erhält. Ja, Gottes Wesen selbst wird im biblischen Zeugnis seines Namens so verstanden, dass sein schöpferischer Wille barmherzige *Liebe* ist, in der Gott sich den Seinen in *Treue* zuwendet und ihnen *beständiges Leben* gibt. In mathematische Sprache übersetzt, würde das heißen: In Gott sind Kontingenz und Regelhaftigkeit vollkommen eines. Gott *ist,* indem er *handelt;* und er handelt treu nach dem ewigen Willen seiner Liebe.

Das sollte, meine ich, zu denken geben, gerade auch in einem ernsthaft geführten theologisch-naturwissenschaftlichen Dialog. Natürlich nicht im Sinne einer Denknotwendigkeit – gerade auch in der Theologie gibt es keinerlei *Beweise* der Existenz und des Handelns Gottes. Wenn Gott wirklich *Gott* ist, kann nur er *selbst* sein eigenes Sein erweisen. Sein absoluter Name »Ich bin, der ich bin« bzw. »Ich werde immer sein, der ich bin«, kann und soll von keinem Menschen ›hinterfragt‹ werden. Aber der *Glaube* an Gott hat diese *Wirklichkeit Gottes* in der Einheit von Kreativität und Treue sehr wohl ernst zu nehmen. Viele Jahrhunderte hindurch haben Menschen auf diese Wirklichkeit Gottes ihr ganzes Lebensvertrauen gesetzt. So sollten Christen sich auch heute ohne Scheu in diese Tradition des Urwissens des Glaubens der ganzen Kirche bewusst hineinstellen und dürfen damit rechnen, dass es im allgemeinen Diskurs unserer Gegenwart zumindest als eine *mögliche* Antwort von Gewicht auf die Frage nach dem Verhältnis von Kontingenz und Regelhaftigkeit als Urproblem aller Wirklichkeit gehört und ernst genommen wird.

Das gilt dann aber auch im Blick auf die Wirklichkeit der Auferstehung Jesu von den Toten. Für den Glauben ist sie die größte aller *Machttaten* des Schöpfers, ja mehr: die zentrale *Heilstat* Gottes, an der der letzte Sinn und das letzte Ziel alles menschlichen Lebens hängt. Als solche ist sie freilich nicht zu *beweisen.* Auch für Christen gilt das Erfahrungsurteil: Alles Leben ist »Leben zum Tode«, es findet im Tod sein Ende, und keine Macht in der Welt kann diese Folge umkehren, kann das »uralte Gesetz« aufheben, dass alles Fleisch sterben wird (Hiob 14,17). *Gott* jedoch kann aus dem Ende alles irdischen Lebens den Anfang neuen Lebens entstehen lassen, *Gott allein.* Der Glaube an ihn weiß: Die Auferweckung Jesu ist das erste Ereignis göttlichen Auferweckungshandelns überhaupt. Darum muss sich alles Bemühen, diesen Glauben *zu verstehen,* auf das konzentrieren, was wir aus dem Neuen Testament über das *Geschehen* der Auferweckung Jesu erfahren. Entscheidend ist: Die Auferweckung Jesu ist ein *kreativer Akt Gottes,* in dem sich Gottes schöpferische Allmacht zu letztmöglicher Realität gesteigert hat. Nach Paulus ist jeder echte Glaube an Gott Glaube an den, »der den Toten Leben schafft und das Nichtseiende ins Sein ruft« (Röm 4,17). In diesem Sinn ist die Auferweckung Christi ein Akt von völliger Kontingenz – die Kontinuität liegt allein in der Selbigkeit Gottes. Aber an dieser hat Jesus als von Gott Auferweckter teil: War doch schon zuvor in allem Wirken Jesu in Galiläa Gottes endzeitliches Heilswirken vollauf präsent; von Anfang an ist Jesus als der Sohn Gottes mit Gott eines; und das gilt konzentriert vom Passionsgeschehen bis hin zu Jesu Tod am Kreuz. In Jesu Selbsthingabe ist Gottes Selbsthingabe in seiner barmherzigen Liebe im Sinne seines Namens von Ex 34,6 in letzter Radikalität zu letzter Wirkung gekommen. Es ist die *Treue* dieser rettenden Liebe Gottes, die sich in der Auferweckung seines eigenen Sohnes aus dem Tod am Kreuz zu ewigem Leben verwirklicht hat.

So ist die Auferweckung Jesu ein schöpferischer Heilsakt Gottes ganz außerordentlicher Art: Das *Kreative* liegt in der Aufhebung der Macht des Todes über alles Leben, in der Schaffung neuen Lebens; der *Heilscharakter* besteht darin, dass Jesus sich in seinem Tod für uns so *mit uns verbunden* hat, dass in *seiner* Auferweckung der Grund für *unsere Teilhabe* an seinem Auferstehungsleben gelegt worden ist. Christen dürfen bereits in ihrem irdischen Leben diese Verbindung mit ihrem auferstandenen Herrn und ihre Teilhabe an seiner Lebenswirklichkeit mitten in der Todeswelt in vielfacher Weise erfahren. Und diese Erfahrung vertieft und beflügelt ihre Hoffnung auf ihre eigene Auferweckung in der neuen Lebenswelt Gottes.

Die Voraussetzung dieser Heilshoffnung ist die *Wirklichkeit der Auferweckung Jesu aus seinem Tod,* ohne die – um es noch einmal zu wiederholen – aller christlicher Glaube und alle christliche Hoffnung über den Tod hinaus völlig leer sein und in sich zusammenbrechen müssten. Es ist daher von christlichen Theologen sehr leichtfertig, wenn sie in ihrer historisch-kritischen Exegese des neutestamentlichen Osterzeugnisses die *Wirklichkeit* der Auferstehung Jesu bestreiten oder auch nur unentschieden/unentscheidbar offen lassen, als seien sie als *Theologen* genötigt, darüber zu urteilen *wie Naturwissenschaftler;* und wenn sie daher die neutestamentlichen Aussagen über *Jesus* grundsätzlich nur als Aussagen über den *christlichen Glauben* verstehen und erklären oder gar nur als Aussagen über christliche ›Spiritualität‹. Nicht ohne Recht wird die nichtchristliche Öffentlichkeit darin nichts anderes sehen als das religiös verbrämte Eingeständnis, dass *die Christen selbst* mit der *Wirklichkeit* der Auferstehung *Jesu* nicht rechnen. Die vernichtende Folge, die *Paulus* bereits am Anfang daraus gezogen hat, ist für die Ohren einer kritischen Öffentlichkeit heute dann eine eingängige Wahrheit: Ein Glaube, der seine ›transzendente‹ Wahrheit als seine eigene Sonderwahrheit ganz aus sich selbst begründet, ist Grund-los und verfällt allzu leicht der Beliebigkeit. In Wirklichkeit also ist es *nichts mit dem ganzen Christentum.*

Deshalb bedarf es einer Wende in der Theologie, einer Wende auch in aller kirchlichen Predigt: Es geht sehr wohl darum, auch heute in unserer modernen wissenschaftsbestimmten Welt, den christlichen Glauben in der Auferstehung Jesu zu begründen und deren *Wirklichkeit* mit neuem Mut, neuer Gewissheit und mit gehöriger Begeisterung öffentlich zu vertreten und sich vor Kritik nicht zu scheuen! Die Argumente, mit denen es gilt, Achtung und Ernstnahme zu bewirken, sind im Blick auf die Auferweckung Jesu im Grunde genau die gleichen wie im Blick auf die Existenz Gottes und seines kreativen Handelns. Beweise, die zur Anerkennung zwingend *nötig* sind, gibt es auch hier nicht. Niemand also kann und soll zum Glauben an den auferstandenen Christus argumentativ gezwungen werden. Aber *naturwissenschaftliche Beweise,* die umgekehrt jede Wirklichkeit von Auferstehung aus dem Tod und besonders die Wirklichkeit der Auferweckung Jesu aus seinem Grab *notwendigerweise zu bestreiten fordern,* gibt es eben auch nicht.

Man muss gar nicht zu einem *Kreationisten* werden und die Osterbotschaft der Bibel wie die Schöpfungsgeschichte der Genesis wortwörtlich gegen alle Wissenschaft in ihrer Wahrheit verteidigen wollen. Man darf aber diese Botschaft von Gottes *kreativem* Handeln an seinem gekreuzigten Sohn mit vernünftiger Glaubensgewissheit persönlich ganz ernst nehmen und ihre Wahrheit öffentlich vertreten. Von allen Möglichkeiten, von Göttlichem über die Grenzen naturwissenschaftlicher Erkenntnis hinaus zu reden, wie sie heute vielfältig im Schwange sind, ist die Botschaft der Christen immer noch die einzige, die dem menschlichen Leben auf dieser Erde einen höchst positiven Sinn zu geben vermag dadurch, dass sie von der Wirklichkeit seiner Rettung durch Gott und von der Hoffnung über unseren Tod hinaus mit tiefer Glaubensgewissheit zu reden und daraus mutig, getrost und menschendienlich zu leben ermächtigt.

Zum Schluss lasse ich noch einmal Paulus selbst zu Wort kommen: »Was soll nun unser letztes Wort sein? Wenn Gott für uns ist, wer könnte dann gegen uns sein? Hat er doch seinen eigenen Sohn nicht geschont, sondern ihn für uns alle dahingegeben, – wie sollte er uns mit ihm nicht zugleich alles schenken? Wer wird Gottes Auserwählte beschuldigen, – wo es Gott ist, der ihnen Recht schafft! Wer könnte sie verurteilen, – wo es Christus Jesus ist, gestorben, vielmehr: vom Tode auferweckt, der zur Rechten Gottes ist und für uns eintritt! Wer wird uns trennen können von der Liebe Christi? Bedrängnis oder Angst oder Verfolgung oder Entbehrung oder Gefahr oder Schwert? In der Schrift heißt es ja: ›Um deinetwillen werden wir zu Tode gebracht den ganzen Tag, wie Schlachtschafe sind wir geachtet worden‹. Nein, in all dem tragen wir den Sieg davon durch den, der uns seine Liebe erwiesen hat. Denn davon bin ich überzeugt: Nicht Tod und nicht Leben, nicht Engel, nicht Mächte, nichts Gegenwärtiges und nichts Zukünftiges, keine Gewalten in der Höhe oder in der Tiefe und keinerlei andere Kreaturen werden die Macht haben, uns zu trennen von der Liebe Gottes, die in Christus Jesus ist, unserm Herrn« (Röm 8,31-39).

Literaturhinweis

U. Wilckens, Theologie des Neuen Testaments I/2 (2003), 107-160; II/1 (2007), 207-212; 224-262.

G. Kittel, Der Name über alle Namen. Biblische Theologie / NT (^{2}1996), 19-46.

Repräsentativ für die Bestreitung der Wirklichkeit der Auferstehung Jesu: *G. Lüdemann,* Die Auferstehung Jesu, Historie – Erfahrung –Theologie (1994).

III

Der Geist Gottes und der Geist des Menschen

Von *heiligem* Geist ist in heutiger Sprache kaum mehr die Rede, und wenn, dann zumeist so, dass es sich um etwas handelt, wovon nur die wenigen ganz Frommen sprechen, was aber einem selbst sehr fremd ist, eher abstoßend als anziehend. Das kommt daher, dass mit dem Wort »Geist« in der Sprache der modernen Welt seit langem etwas ganz Menschliches gemeint ist: Wir sprechen von einem »geistvollen« Menschen, wenn er etwas besonders Vernünftiges zu sagen hat – umgekehrt gilt als geistlos, was sinnlos und unnütz ist. »Von allen guten Geistern verlassen« ist jemand, der hoffnungslos unverständig ist oder handelt. Auch vom Geist einer Gruppe ist die Rede, dann meinen wir die Atmosphäre, die sie bestimmt, sei es, dass ein guter oder kein guter Geist unter ihnen herrscht. Und schließlich: Inspiration ist etwas, was *Künstlern* eigen ist. Geist und Kunst sind aufs engste verbunden.

In all diesen Redeweisen klingt etwas von dem nach, was in der *Sprache der Bibel* in ganz anderer Weise mit Geist gemeint ist. Wer als Prophet vom *heiligen* Geist ›inspiriert‹ ist, hat etwas zu sagen, was *vom heiligen Gott* kommt und was *deswegen* für menschliches Leben zentral wichtig ist. Im Heiligen Geist wirkt *Gott* schöpferisch etwas im Menschen, was dieser sich selbst nicht »beschaffen« kann. In diesem Sinn hat Heiliger Geist mit *Wunderbarem* zu tun. Geistvolle Menschen im Sinne der Bibel sind solche, die sich von Gottes Geist erfüllen lassen; und zu den Grunderfahrungen solcher Menschen gehört es, dass ihnen überhaupt *alles* im Leben wunderbar und daher dankenswert ist, eben weil alles Leben von Gottes Geist durchwirkt ist. Der Heilige Geist fügt alle, in denen er wirkt, in der Gemeinschaft der Kirche zusammen, die so zu einem ebenso unverlierbaren wie unentbehrlichen Zuhause wird. Und: Alles, was geistlich ist, kann durch Kunst in Dichtung, Musik und Bild besonders eindrücklich nahegebracht werden.

So bekommt, wer über das Thema von Pfingsten nachdenkt, von vornherein auch mit der tiefgreifenden Wende zu tun, die die moderne Welt von der der Bibel scheidet – oder sagen wir es gleich von der andern Seite her: Er hat von der riesengroßen *Chance für unsere moderne Welt* zu sprechen, die Wirklichkeit des Geistes Gottes neu zu entdecken und aus dem Erfahrungsbereich seines Wirkens heraus all das *Ur-vernünftige* neu- und wiederzugewinnen, was durch das Setzen allein auf die Vernunft des *Menschen* verloren gegangen ist oder zumindest so problematisch erscheint, dass man sich persönlich dazu nicht bekennen mag.

1. Der schöpferische Charakter allen Geisteswirkens

Wir können beginnen mit dem, was im letzten Kapitel das Entscheidende war: *das Schöpferische* in allem Tun Gottes, das in letzter Radikalität in der Auferweckung Jesu zur Wirkung gekommen ist. Denn eben diese schöpferische Kraft Gottes, durch die er aus dem Nichts ins Sein zu rufen und mitten aus vollendetem Tod neues Leben zu schaffen vermag (Röm 4,17), ist die Kraft des Geistes Gottes, durch die er Jesus von den Toten auferweckt hat (Röm 8,11). Alles Christsein ist von diesem Auferweckungswirken des Geistes durchdrungen – so sagt es das Neue Testament überall, und so können es Christen auch heute in ihrem eigenen Leben erfahren.

In der Zeit des Urchristentums konzentrierte sich diese Erfahrung für alle Christen in der *Taufe*. Die Menschen hörten in den Predigten der Apostel von dem, was in Jerusalem geschehen war: »Jesus ist als Gottes Sohn den schändlichsten Tod am Kreuz gestorben, um alle Menschen von der Herrschaft des Todes über ihr Leben zu befreien; und Gott hat dieser Befreiung den Sieg verschafft, indem er seinen Sohn aus dem Tod zu sich erhoben hat: Setzt all euer Vertrauen in ihn als den alleinigen Herrn und gebt euch im Glauben ihm zu eigen, so werdet ihr diese Befreiung in euch selbst erfahren, und eure Zukunft wird mit *seinem* Weg verbunden sein!« So etwa lässt sich die Pfingstpredigt des Petrus in der Apostelgeschichte (Apg 2,14-36) in unsere Sprache übersetzen. Das war damals nicht weniger unerhört-fremd und unzugänglich, als es uns heute erscheinen mag. Aber in der Rede dieser Prediger strahlte eine solche Urgewissheit der Wahrheit dessen, was sie zu verkündigen hatten, dass ihre Hörer darin etwas wahrnahmen, das sich in ihnen selbst vollziehen wollte; und so ließen sie sich überzeugen – und eine bis dahin nie erlebte Freude war wie ein in ihnen angezündetes Licht, das ihr ganzes inneres Leben hell werden ließ. Ihr Leben hatte eine ganz neue Lebendigkeit und ganz neue Horizonte bekommen. So beschreibt es die Pfingstgeschichte als ein Hereinwirken der Geisteskraft der Auferweckung Christi in das eigene Leben der dreitausend Menschen, die sich durch die Predigt des Petrus zum Glauben überzeugen ließen. Sie ließen sich taufen auf den Namen Jesu Christi und gehörten nun ganz ihm als »*dem* Herrn«, ihr Leben war fest verbunden mit dem Leben Christi. »Christen« nannte man sie in ihrer Umwelt – Christen nennen wir uns noch heute. Weniger anspruchsvoll kann und darf ein Christ nicht sein, wenn anders er den Namen, unter dem er steht, ernstnimmt. *Christen* sind wir, weil wir mit dem auferstandenen *Christus* verbunden und von seinem Auferstehungsleben durchdrungen sind.

Wie schöpferisch die Kraft des Heiligen Geistes ist, zeigt sich im Neuen Testament unter zwei Aspekten: Der eine Aspekt ist schon genannt: Christen dürfen in der Hoffnung gewiss sein, dass ihr eigenes Leben nicht im Tod zunichte werden wird, sondern dass Gott sie aus dem Tod auferwecken *wird,* wie er Christus, ihren Herrn, auferweckt *hat.* Nicht ein Ende in ewigem Nichts haben Christen nach dem Tod zu erwarten, sondern die Aufhebung dieses Nichts in einem *neuen* Leben. Paulus formuliert das im Römerbrief Kap. 8 so: »Wenn aber der Geist dessen, der Jesus von den Toten auferweckt hat, in euch wohnt, so wird auch derselbe, der Christus von den Toten auferweckt hat, eure sterblichen Leiber lebendig machen um des willen, dass sein Geist in euch wohnt« (Ich zitierte diese Stelle bewusst im alten Luther-Deutsch, damit der großartige Schlusssatz von Bachs Motette »Jesu meine Freude« durchklingt, in dem die wunderbare Überzeugungskraft des Heiligen Geistes in diesem Text unmittelbar Musik wird. Ich denke, es ist schwerlich möglich, davon *nicht* berührt zu werden!) Wer sich von dieser Hoffnung inspirieren lässt, der *lebt* in seinem irdischen Alltag ganz anders als der, der ohne diese Hoffnung leben muss.

Der andere Aspekt ist der einer totalen Lebenswende, die nach dem Neuen Testament Christen durch die Taufe widerfährt. Die Weise, wie sie bisher gelebt haben, wird zu ihrer *Vergangenheit.* Im Licht des Geistes ist ihnen klar geworden, wie sehr sie in ihrer vorherigen Lebensweise *wirkliches Leben verfehlt* haben, wie aller Elan, mit dem sie Leben zu genießen und sich selbst zu »verwirklichen« gesucht haben – (Paulus spricht von den »Begierden« nach Leben) – in Wirklichkeit dem Tod mitten im Leben zugearbeitet hat. Jetzt ist dieser Bann gebrochen. Statt des Egoismus als der Grundbewegung ihres »alten« Lebens ist die Liebe Christi in ihnen zur Herrschaft gekommen. Nun wissen sie: Nur mit Gott, nicht ohne oder gar gegen ihn, kann Leben gelingen. Immer wieder erinnert Paulus in seinen Briefen die Christen seiner Gemeinden, nachdem sie zum Glauben gekommen sind, an diese Lebenswende. Mit der unsäglichen, unstillbaren Gier nach Leben, die der Motor ihres bisherigen Lebens war, ist es – Gott sei Dank – aus. An deren Stelle ist es nun die Liebe Christi, deren Willen zu gehorchen der Geist Gottes sie bewegt: Wirkliches *Leben* ist nur zu erfahren, indem man es mit anderen teilt und für andere hingibt. So entsteht zusammen mit dem Christwerden ein ganz neuer ›Lebensentwurf‹ (würden wir heute sagen) – eine Weise zu leben, in der sich Christen zwar von ihrer Umwelt, der sie bisher zugehört haben, deutlich und radikal unterscheiden, jedoch nicht in einer christlichen ›Gegenwelt‹, sondern so, dass christliches Zusammenleben in der christlichen Gemeinde für andere zur Einladung wird, diesen Weg auch für sich zu wählen.

Sosehr es tatsächlich eine christliche Moral gibt, so wenig moralistisch geht es darin zu, weder im Umgang mit uns selbst und mit den Schwestern und Brüdern der eigenen Gemeinde noch auch im Verhalten zu den Menschen der nichtchristlichen Umwelt. Gewiss, Christen wissen: Dort ›draußen‹ lebt man in Sünden; aber die Befreiung aus dieser Sklaverei steht allen Nichtchristen ebenso offen, wie Christen sie erlebt haben. Exklusiv ist christlicher Geist sehr wohl, aber nur in solcher offenen missionarischen Zuwendung zu all denen, die nicht ›draußen‹ bleiben sollen. Nur wer darauf mit Ablehnung oder Hass reagiert, gehört zur Welt ›draußen‹ als einer Gegenwelt. Solches ›Draußen‹ wird von denen, die selbst nicht im Wirkungsraum des Geistes leben wollen, geschaffen, nicht von denen, die darin leben und denen außerhalb davon Zeugnis geben. Christliche Mission oder Evangelisation, die von sich aus *ausgrenzte*, wäre nicht vom Geist Gottes geleitet, der ein Geist der Zuwendung, der Liebe ist. Daher bleibt die Chance zur Umkehr für alle, die ›draußen‹ sind, geöffnet. Wieder bringt der Apostel Paulus das im Römerbrief auf den Punkt: »Segnet, die euch verfolgen; segnet sie, statt sie zu verfluchen« (Röm 12,14), und: »Wenn es möglich ist, von euch aus, lebt in Frieden mit allen« (V. 18). Paulus kennt dieses Gebot Jesu, in dem er die Nächstenliebe zur Feindesliebe ausweitet. *Das* ist es, was Christen von Nichtchristen unterscheidet: das Offen-Bleiben in der Liebe zu ihnen und im Frieden mit ihnen gerade dort, wo ihnen Ablehnung, Verachtung und Hass entgegenschlägt. Hassen dürfen Christen nur das eigene Böse, von dem sie frei geworden sind, nicht aber die Mitmenschen, die dem Bösen noch verhaftet sind. Der Geist Christi kennt zwar keinerlei Kompromiss mit der *Sünde*, aber deswegen, weil er *Sünder* aus der Gewalt des Bösen über ihr Leben *erretten* und davon frei machen will und kann.

2. »Geist und Fleisch«

Paulus fasst das bekanntlich in den *Gegensatz zwischen Geist und Fleisch*. Er knüpft damit an den Schöpfungsbericht des Alten Testaments an: Dort wird erzählt, wie Gott den Menschen geschaffen hat, indem er einem Klumpen Erde seinen eigenen »Lebensgeist« einhauchte (1Mose 2,4). Ohne diesen Geist von Gott ist ein Mensch lebloses bloßes Fleisch. Sobald Gott ihm seinen Lebenshauch entzieht, wird er zur Erde, zu der er gehört. Entsprechend kann der Prophet sagen: »Alles Fleisch ist wie das Gras, und all seine Schönheit ist wie die Blume auf dem Felde. Das Gras verdorrt, die Blume verwelkt, wenn der Wind des Herrn darüberweht« (Jes 40,6f). Verlässt der Mensch sich auf sich selbst statt auf Gott, so ist er nichts als Fleisch. Es gehört zum *Wesen* des Menschen, dass er nur leben kann durch Gottes Lebensgeist. Wer das vergisst oder es nicht wahrhaben will, wird ganz auf das Fleisch, das er dann nur noch ist, zurückgeworfen – und Fleisch verdirbt schneller als selbst die kurzlebigste Blume.

Auf diese alttestamentliche Rede von Fleisch und Geist greift Paulus in einem ungleich radikaleren Sinn zurück. Als bloßes Fleisch ist der Mensch ganz arm dran; um zu *leben*, bedarf er ganz elementar des Geistes Gottes. *Will* er jedoch mit Gott nichts zu tun haben, will er sein eigener Herr sein, so verliert er damit sein Leben und macht sich zur Beute des Todes. »Wer auf sein eigenes Fleisch sät, wird vom Fleisch Verderben ernten«, sagt Paulus wie in einem Sprichwort (Gal 6,8). Eben das aber tut der Sünder, der aus eigener Kraft leben und sein Leben nach den Interessen für sich selbst führen will und sich dem Willen des Geistes entzieht: Er wird so zum Gefangenen seines Eigenwillens, die Sünde beherrscht ihn, so dass er mit allem, was er sinnt, plant und tut, dem Tod zuarbeitet. Wer Gott-los leben will, macht sich zum Feinde Gottes. Hier gibt es nur ein Entweder-Oder. »Der Wille des Fleisches richtet sich gegen den des Geistes und umgekehrt der Wille des Geistes gegen das, was das Fleisch will« (Gal 5,17). Der Geist des lebendigen Gottes will nicht, dass der Mensch stirbt, sondern dass er lebt; darum ist er der Sünde feind. Auch als Sünder aber *will* der Mensch leben, dem Tod Schach bieten. Aber was er faktisch *tut*, ist Zuarbeit für den Tod. Das ist der tiefe, unselige Widerspruch, in den sich der Sünder verfängt und dem er dann auch nicht mehr entrinnen kann (Röm 7,14ff). Man kann eben nicht bloß ausprobieren, ob man und wie man es schafft, ohne Gott, getrennt von ihm, sein eigenes Leben zu leben. Wer mit solchem Probieren anfängt, ist sogleich vollauf im Sündigen drin und kann dann nicht aufhören, auch wenn er es wollte. Der Widerspruch, in den ich mich als Sünder verstrickt habe, ist so hart, und meine Lage so tod-ernst, dass mich nur die schöpferische Kraft der Liebe Gottes, nur Gottes Sohn durch seine Selbsthingabe für mich, nur der Heilige Geist daraus erretten kann. Das geschieht in der Taufe, in der Gottes Geist mich Todeskandidaten der Macht von Sünde und Tod entreißt und mit dem Leben des auferstandenen Christus verbindet. Der Geist verwandelt den Widerwillen meiner Sünde in den Gehorsam des Glaubens an Christus. Und diese Kehre ist so endgültig wie die Auferstehung Christi. Wie Christus den Tod auf ewig überwunden hat, so hat jeder, der im Glauben sein Leben mit dem Auferstehungsleben Christi vereint, auf ewig an ihm teil. Der Geist Christi wird zum Lebensodem in mir – eines Lebens, das wirklich und ganz und gar *Leben ist*, und zwar neues von Gottes Geist *neu geschaffenes Leben* (Auch hier darf ich noch einmal auf Bachs Motette hinweisen). Paulus sagt: »Wenn jemand *in Christus* ist, ist er *neue Schöpfung*; das Alte ist vergangen – siehe: neu geworden ist es!« (2Kor 5,17). Andere Texte sprechen im gleichen Sinn von einer *neuen Geburt*, die uns in der Taufe widerfahren ist Joh 3,3.5; 1Petr 1,3; 2,2).

So unumstößlich aber diese Wirklichkeit *von Christus her* ist, so gefährdet bleibt sie für den Christen in seinem ganz irdischen Alltag. Ist es doch derselbe irdisch-sterbliche Leib, in dem er zuvor gelebt hat und in dem er nun auch als Christ weiterhin zu leben hat. In dem gleichen Körper, *meinem* Leib, lebe ich als in dem Haus, in dem zuvor meine Sünde herrschte (Röm 7,20.24; 8,10.11). Der Geist, der mich aus ihrer Macht über mich befreit hat, gibt mir zwar immerfort die Kraft, von Sünde frei zu leben. Doch er *zwingt* mich nicht, macht mich nicht zu einem Automaten seines Willens, sondern er befähigt und ermutigt mich *zu eigenem Gehorsam* im Glauben. Sosehr *ich selbst* es war, der sich mit der Sünde gleichsam verbündet hatte, so sehr soll es nun auch *ich selber* sein, der dem Geist folgt (Röm 6,16f; Gal 5,25). So bleibt die Möglichkeit durchaus bestehen, dass ich meine frühere Entscheidung wiederhole und der Sünde erneut hörig werde. Zwar gibt mir der Geist die klare Erkenntnis, dass es Lüge war, mit der mir zuvor meine Sünde vorspiegelte, ich könne zu wirklichem Leben nur gelangen, wenn ich mich von der *Heteronomie* des Glaubensgehorsams losmachte und in völliger *Auto*nomie mein eigener Herr werde, um mein eigenes Leben so zu verwirklichen, wie ich selbst es wolle (Röm 7,11). So vermag ich auch als Christ zu erkennen, dass es auch weiterhin Lug und Trug bleibt, mit dem mich meine Sünde gleichsam von außen her zur Rückkehr zu ihr zu verführen sucht. Wenn ich mich jedoch von ihr betören lassen *will* wie zuvor, hindert mich der Geist daran nicht durch irgendeinen Zwang, sondern nur durch das überzeugende Zeugnis, das er *meinem* Geist zuspricht: dass ich ein Kind Gottes bin, das Gott zum Vater hat, weil Christus mein Bruder ist (Röm 8,16). Will ich mich gleichwohl partout aus solchem Kind-Sein lösen, *kann* ich mich sehr wohl mit meinem sündigen Eigenwillen von einst wieder kurzschließen – ich muss nur wissen, dass ich dann unzweifelhaft aus dem *wirklichen Leben*, das mir als Kind Gottes geschenkt worden ist, herausfalle, so wie es das Gleichnis Jesu vom verlorenen Sohn erzählt (Lk 15,12f).

Solche *Versuchung zum Abfall vom Glauben* ist eine täglich-akute Gefahr. Der Geist ermutigt mich zum *Kampf* gegen sie; er lässt mich klar wissen, dass *jeder* Christ lebenslang diesen Kampf auszufechten hat und dass es keineswegs aussichtslos ist, ihn durchzustehen und (wie es in der Johannes-Offenbarung heißt) »die Krone des Lebens zu gewinnen« (Offb 2,10; 3,11). Es *gibt* Bewährung im Glauben durch Siege über die Sünde. Aber *ich* bin es, ich selbst, der diesen Kampf führen soll, weil ja *ich* es bin, den Christus von der Gewalt der Sünde über mich *befreit* hat. Das Neue Testament ist voll von sehr ernsten Mahnungen und Warnungen, nicht zu verspielen und zu verlieren, was uns in der Taufe vom ewigen Gott auf ewig geschenkt worden ist. Vor allem der Hebräerbrief stellt seit langem ans Christsein gewöhnten Christen vor Augen, was für eine Katastrophe es wäre, wenn sie es mit dem

Kampf gegen die Versuchungen zu Abfall nicht mehr so ernst nähmen (Hebr 3,12; 4,11; 6,4-8). Der Geist kann nicht nur einladend ermutigen, er kann auch mit letzter Eindringlichkeit warnen. Es gibt ein Zuspät – auch Christen, und *gerade sie*, werden vor Gottes letztes Gericht treten und sich für ihr Tun verantworten müssen. »Wir alle« – sagt Paulus – »werden vor dem Richterthron Christi erscheinen müssen, und dann wird jeder das Geschick bekommen, das er sich durch sein Tun während seines leiblichen Lebens zugezogen hat, es sei Gutes oder Böses« (2Kor 5,10). Auch hier ist der Ton *warnend* – jedoch nicht *drohend*. Im Neuen Testament werden Christen nicht eingeschüchtert, es gibt keinerlei Gerichtsängste, durch die sie mit geistlicher Gewalt zur Räson gebracht werden sollten. Die Furcht der Sünder vor Gottes Vernichtungsurteil in seinem Gericht ist durch das befreiende Wirken des Geistes ganz und gar *ausgetrieben*, eine Rückkehr zu dieser panischen Angst vor dem Unausweichlichen der ewigen Verdammnis gibt es für Christen als Gottes Kinder nicht (Röm 8,15). Wohl aber gibt es die *Ehrfurcht* des Glaubens vor dem Gott, der uns sein ewiges Erbarmen erwiesen hat, und die entsprechende Furcht davor, Gottes Liebe zu enttäuschen (2Kor 5,11; 1Joh 4,17f).

3. Charisma und Vernunft

Nun aber wird es Zeit, vom *konkret-transzendenten Wesen des Geistes* zu sprechen, das sich in all seinem Wirken überraschend und faszinierend zu erfahren gibt. Schon ganz im Anfang in der Pfingstgeschichte (Apg 2) zeigt es sich: Ein gewaltiger Sturm ist es, der brausend durch das Haus fährt, in dem die vielen Menschen versammelt sind. Wie Flammen erscheint es auf den Köpfen der Jünger, und jeder von ihnen gibt Laute von sich, in denen sie in Sprachen reden, rufen, ja schreien, die nicht von dieser Welt sind: Sprachen aus der *himmlischen* Welt der Engel Gottes, die daher ganz fremd und unverständlich klingen, Sprachen in einer Vielfalt, in der aber *ein und derselbe Geist Gottes* zu Wort kommt (1Kor 12,7-11).

Immer wieder in der Geschichte des Christentums sind solche ekstatischen Äußerungen wirksam geworden – heute sogar in einer weltweiten Bewegung, die mit dem neutestamentlichen Wort »charismatisch« bezeichnet wird. Die Anfänge in Deutschland habe ich selbst miterlebt: In Ekstase begeisterte Menschen stehen mit verzückten Gesichtern auf, sie reißen ihre Arme in die Höhe und rufen unverständliche Laute oder singen Gebetsworte wie das biblische Halleluja. »Zungenreden« nennen sie es, weil in Luthers Übersetzung von solchem Reden in himmlischen *Sprachen* als von einem Reden »in Zungen« die Rede ist. Richtiger ist es, wenn Charismatiker heute vom »*Sprachen*gebet« reden. Und wie am 1. Pfingsttag die Versammelten emotional-gegensätzlich reagieren, die einen mit Spott, viele andere in tiefer seelischer Betroffenheit – die Predigt des Petrus trifft sie wie ein Stich ins Herz, heißt es in der Apostelgeschichte (2,37), sie kehren ihr Innerstes zu dem, was sie hören, lassen sich taufen und erfahren, wie der Geist ihr ganzes Leben erfüllt, dreitausend an der Zahl – so geht es auch heutzutage vielfach zu; von Städten in den USA hat sich diese charismatische Bewegung stürmisch ausgebreitet nach Europa und vor allem nach Südamerika. Dort sind diese Gruppen vielfach sogar zu einer beachtlichen Mehrheit geworden. Weil sich all diese Charismatiker als Christen wissen, ist es wichtig zu sehen, wie sich im Neuen Testament diese ekstatischen Züge in das christliche Zusammenleben einfügen und mit welchen Maßstäben ihre Bedeutung dort beurteilt wird.

Das Wichtigste ist: Die *Verkündigung der Geschichte Jesu Christi* ist die bestimmende Mitte. In seiner Pfingstpredigt *berichtet* Petrus, was sich von Gott her in dieser Geschichte ereignet hat. Und es ist die *Wirkung des Geistes,* dass er die Hörer *verstehen lässt,* dass und wie an dieser erzählten Geschichte Jesu von Nazareth *ihre eigene Geschichte* teilhat: Das Reich Gottes, das Jesus den Menschen in Galiläa als jetzt und hier anbrechend verkündigt hat, will auch jetzt und hier in *unser* Leben hineinwirken. Die Wunder, die Jesus getan hat, sind deutliche Zeichen der Macht Gottes, in der auch heute viel Wunderbares geschieht. Jesus ist am Kreuz gestorben – darin ist auch unser Leben von der heillosen Verlorenheit der Sünde frei. Gott hat Jesus aus dem Tod am Kreuz auferweckt, darin ist auch unser Leben heil geworden. Diese Wirkung des Verstehens des Gehörten geschieht durch den Heiligen Geist als die schöpferische Kraft Gottes, durch die Gott in der Geschichte Jesu uns zum Heil gehandelt hat und durch die Gott zugleich uns daran in vernünftiger Rede teilgibt. Diese Wirkung ist völlig wunderbar, aber dies Wunderbare geschieht *durch das menschliche Wort der Verkündigung* und erweist sich in den menschlichen Herzen derer, die im Glauben diese Verkündigung *annehmen.* So verbindet sich das ganz transzendente Wesen des

Heiligen Geistes mit dem ganz menschlichen Wesen von Verkündigung und Annahme des Gehörten in konkretem Lebensgehorsam. Was an Pfingsten zuerst als ekstatisches Geschehen erfahren, dann aber sogleich in Wort und Glauben allen verständlich werden und menschlich beantwortet werden konnte, das gehört wesenhaft zusammen. Es ist der eine Geist des einen Gottes und seines einen Sohnes Jesus Christus, der so in den vielen verschiedenen Menschen ein und das Selbe wirkt und sie alle zu *einer* geistlichen Familie macht.

Dies nun ist das Zweite, das zum Verständnis des wunderhaft-charismatischen Charakters des Heiligen Geistes wichtig ist: Dieser hat seine Bedeutung nicht isoliert für sich, als wäre es das Ekstatische als solches, das als rein göttliche Wirklichkeit wortlos-direkt zu erfahren, zu bewundern und nur für die verständlich wäre, die dafür besondere geistlich-charismatische Fähigkeit besäßen. Zeichen der göttlichen Herkunft des Geistes und der unendlichen Fülle Gottes sind diese charismatischen Erscheinungsweisen sehr wohl, aber Zeichen dessen, was Gott an Menschen in der *menschlichen* Wirklichkeit ihres Lebens tun will: Zeichen der *Wirklichkeit seiner Gnade* (seiner »Charis« – deswegen nennt Paulus die Wirkungen des Geists »Charismen«, Wirkungen der Gnade Gottes). Und *Gaben der Liebe Gottes* sind es, die das ganze Leben der durch sie Erretteten bestimmen sollen. Wie Christus sich selbst für uns hingegeben hat, so sollen Christen nicht für sich selbst leben, sondern füreinander. An den vielen Stellen, an denen Paulus die Gaben des Geistes aufzählt, steht an erster Stelle überall die Liebe (Gal 5,22).

Entsprechendes gilt darum auch für das sogenannte ›Zungenreden‹ im Gottesdienst: Weil es Äußerungen ein und desselben Geistes Gottes sind, der in der Verkündigung der Apostel und Propheten in vernünftig-verständlicher Sprache zur Wirkung kommt, deswegen soll auch das ›Zungenreden‹ und das ›Sprachengebet‹, das sich in irrational-ekstatischen Lauten äußert, jedem der Versammelten verständlich werden. Was nicht allen sogleich zugänglich ist, soll von andern Propheten oder Lehrern für alle in vernünftige Sprache »übersetzt« und so erklärt werden, dass es für die ganze Gemeinde verständlich wird (1Kor 14). Wo niemand da ist, der das kann, da sollen solche ›Zungen‹redner lieber schweigen, als dass Schwestern und Brüder dadurch ausgeschlossen würden. Egozentrische Exklusivität eignet dem Geist Gottes nicht – gehört es doch zum *Wesen* Gottes selbst, dass er nichts ist und nichts tut für sich selbst, sondern alles ganz *für* die Seinen! Sein Name lautet: »ICH bin, der ICH bin, als *dein* Gott« (2Mose 20,2). Es entspricht diesem Namen, dass im Gottesdienst einer christlichen Gemeinde jedwede Rede von der Liebe Gottes in Christus jedem der Versammelten verständlich mitzuteilen ist und dass es von dieser Regel keinerlei Ausnahme geben kann. Kein Wort *himmlischer* Sprache ist unübersetzbar für *menschliche* Ohren und *menschliche* Herzen. Das ist der *theo*-logische Grund, warum Paulus in der ihm eigenen zugespitzten Redeweise sagt: »Ich danke Gott, dass ich vom Reden in himmlischen Sprachen mehr verstehe als ihr alle – aber im Gottesdienst will ich lieber fünf Worte in vernünftiger Sprache reden, um auch andere (von Gott) zu belehren, als tausende Worte in himmlischer Sprache« (1Kor 14,18f).

Damit schätzt er nicht etwa die Vernunft höher ein als den Heiligen Geist, aber solange christlicher Gottesdienst auf Erden stattfindet, *dient* die menschliche Vernunft dem göttlichen Geist als Mittel, sich Menschen mitzuteilen. Ebensowenig ist es die Meinung des Apostels, dass die Sprache der Engel für Christen nichts tauge, solange sie noch ihr irdisches Leben zu führen hätten – der Geist verbindet vielmehr Himmel und Erde bereits jetzt und hier, und zwar gerade im Gottesdienst der irdischen Kirche. Das tut er, indem er die jenseitige Wirklichkeit des erhöhten Herrn zur Rechten seines himmlischen Vaters in die Sprache irdischer Vernunft zu übersetzen fähig ist – und zugleich umgekehrt alle Gebete von Christen auf Erden in die Sprache des himmlischen Gottesdienstes (Röm 8,26f) übersetzt.

Vor allem aber zielt Paulus in diesem 14. Kapitel seines Korintherbriefs darauf, den geistlichen Hochmut derjenigen Christen in Korinth aus dem Gottesdienst der Gemeinde zu vertreiben, die sich als Elite der Geistbegabten einschätzten und sich als solche dadurch immer wieder herauszustellen suchten, dass sie Reden in himmlischer Sprache hielten, die nur ihresgleichen verstanden und verstehen sollten. *Diese* Tendenz und die ganze dazugehörende Verhaltensweise ist nach Paulus' Urteil in Wahrheit ganz ungeistlich, ja geradezu widergeistlich. Denn sie widerstreitet der Liebe Christi, die das Wesen seines Geistes ist.

Die Gefahr eines solchen geistlichen Egoismus zieht sich durch die ganze christliche Geschichte hindurch und ist auch in der charismatischen Bewegung unserer Gegenwart durchaus akut. Das ist aber kein Grund, diese insgesamt zu verurteilen. Dass sie sich so beachtlich vermehrt, hängt unter anderem mit der Ausstrahlung geistlicher Lebendigkeit und Freude zusammen. Wenn Menschen, die in einer sozusagen versteinerten Frömmigkeit aufgewachsen sind, oder als religiös Suchende in einen charismatischen Gottesdienst kommen, kann es auch heute sehr wohl geschehen, dass sie in ähnlicher Weise tief angerührt sind wie jener »Ungläubige« damals in Korinth, von dem Paulus berichtet, er sei auf seine Knie gefallen mit dem Ausruf: »Wirklich, *Gott* ist in eurer Mitte!« (1Kor 14,24f). Es gibt heute zum Beispiel in immer mehr Gemeinden die Sitte, dass am Ende eines Gottesdienstes einzelne Teilnehmer eingeladen werden, nach vorn zu kommen, um einen persönlichen Segen zu empfangen. Wer das als Gast miterlebt, kann darauf durchaus in ähnlicher Weise reagieren wie jener »ungläubige« Gast damals in Korinth. Gleiches freilich gilt nicht weniger für einen lebendig gefeierten liturgischen Eucharistiegottesdienst: Ich staune als Pastor immer wieder neu über die intensive Erwartung und die dankbare Freude im Gesicht vieler Kommunikanten beim Empfang der Mahlgaben – solche Öffnung des Innersten eines Menschen sehe ich an keinem Lebensort sonst. Auch da ist Heiliger Geist zu sehen.

4. *Der eine Geist* – Schöpfer der *einen* Kirche

Schließlich ein letzter Aspekt: Wo Heiliger Geist wirkt, da entsteht so etwas wie eine Atmosphäre dichter Gemeinschaft in lebendiger Freiheit. Nicht nur die tiefgreifenden Gegensätze im Innern des einzelnen Menschen selbst werden geheilt, der Widerstreit zwischen dem, was ich will, und dem, was ich tue (wie Paulus es in Röm 7 so bewegend schildert), sondern auch die religiösen und sozialen Unterschiede, die damals Juden und Nichtjuden und Herren und Sklaven, Mann und Frau voneinander trennten, sind durch die Gabe des Geistes in der Taufe aufgehoben (Gal 3,28). Sie alle lässt der Heilige Geist zu Kindern Gottes werden, die in dem *einen* Vaterhaus ihr gemeinsames Zuhause haben (Gal 4,4-6). Er macht sie alle zu *einem* Leib, dessen viele Glieder zusammenwirken müssen (1Kor 12,12f.27). Durch sein ständiges Wirken im Gottesdienst ist der Geist als Baumeister am Werk, der inmitten der irdischen Gemeinden das Haus Gottes der ewigen Zukunft aus ihnen zu errichten angefangen hat, den Tempel des neuen Jerusalem (1Kor 3,9-17). Kurz: Der *eine* Geist schafft die *eine* Kirche des *einen* Gottes und des *einen* Herrn Jesus Christus.

Diese eine Kirche, *die* Ekklesia, ist so etwas wie die endzeitliche Alternative zur zerklüfteten, brüchigen Gesellschaft der Völkerwelt, aus der der Geist Gottes die Christen herausgenommen hat. Ihr geistliches Geheimnis ist: Sie ist vollkommen *eines* in vollkommener Verschiedenheit. Denn Gottes Liebe ist sozusagen das Herz alles Zusammenlebens in der einen Kirche. Indem der Geist sie alle in je ihrer persönlichen Identität *füreinander* zu leben bewegt, entsteht die *Einheit* einer lebendigen Gemeinschaft, die nicht nach einem Gesetz organisiert, sondern wie ein Organismus ist, der in Christus seine Lebensmitte hat. Das gilt ganz konkret: In der gottesdienstlichen Versammlung werden wir alle dadurch zu *einem* lebendigen Leib, dass jeder von uns den einen selben *Leib des lebendigen Christus* empfängt (1Kor 10,16f). Diese immer wiederholte eucharistische Erfahrung: »Christus in mir« fügt den einzelnen Kommunikanten immer neu in die Wir-Gemeinschaft »in Christus« ein, die sich dann im gegenseitigen Füreinander-Leben des ekklesialen Alltags zu bewähren hat. Alle verschiedenen Charismen bekommen hier ihren gemeinsamen Charakter als »Dienst« für die anderen, durch den jeweils ein Beitrag zum Zusammenleben der ganzen Gemeinde als Leib Christi gegeben wird. Der *eine* Geist wirkt so in einer Fülle von Gaben und Begabungen, die alle notwendigerweise voneinander verschieden, aber alle gleichwertig sind, die Verkündigungsämter wie die diakonischen und Verwaltungsämter wie überhaupt alle festen Ämter und freien Dienste (1Kor 12,4-11; Röm 12,4f). Das eine ist so wichtig wie das andere. Weder soll einer alle nötigen Dienste selbst versehen, noch sollen alle meinen, sie hätten alle das Gleiche zu tun. Weder geistliche Hierarchien gestattet der Geist noch Gleichmacherei. In der Kirche Christi gibt es nicht Christen höherer oder geringerer Qualität des Christseins, in der Kirche des *einen* Geistes nicht geistliche Eliten, die sich über ›geistlich Arme‹ erhaben fühlen dürften. Aber ebensowenig gibt es ›geistlichen Sozialismus‹.

Vielmehr gibt der eine Geist seine Gaben und Begabungen in unterschiedlicher Dichte – nämlich so, wie es für den jeweiligen Dienst nötig ist. So entstehen unter den Charismen in der Kirche durchaus *Prioritäten,* die von allen anerkannt werden müssen. Das gilt vor allem für das *Amt der Apostel.* Christus hat sie dazu berufen, durch sein Verkündigungswirken Gemeinden zu *grün-*

den. Darum hat der Apostel auch die bleibende Aufgabe, diese als ihr »Vater« durch Predigt und Lehre zu leiten und darüber zu wachen, dass sie in Glaube und Leben nicht von der Wahrheit des Evangeliums abweichen oder diese gar verfälschen. Darum steht der Apostel in der Reihe der Charismatiker an erster Stelle (1Kor 12,28). Als Apostel hat Paulus eine Autorität, die mit geistlichem Recht alle Christen anzuerkennen haben; ja als Apostel kann Paulus in Anspruch nehmen, in der Vollmacht Christi selbst zu wirken und Entscheidungen zu treffen und dafür Gehorsam zu fordern (2Kor 10,4-6). Die Spitzenpneumatiker in Korinth, die sich dem Apostel überlegen fühlen, muss und darf Paulus scharf kritisieren; und gar andere Apostel, die als »Überapostel« seine Gemeinden von ihm als ihrem »Vater« zu lösen suchen und ein anderes Evangelium verkündigen, als er es ihnen bei ihrer Gründung verkündigt hat (2Kor 11,3-5), muss er zurückweisen und bekämpfen. Aber als Waffen kann er sich nur des Wortes bedienen und muss darauf vertrauen, dass, was des Geistes ist, durch den Geist geschützt und gefördert werden wird. Oft genug hat Paulus in solchen Situationen der Gefährdung seines Werks seine totale eigene Schwachheit erfahren. In seiner eigenen Person ist er dann so schwach wie sein gekreuzigter Herr, diesem völlig gleich, so dass es ganz allein nur noch des Erweises von Geist und Macht Gottes bedurfte, damit seine Gemeinden das Evangelium als lebendige Wahrheit hören und im Gehorsam zu ihm bleiben konnten (1Kor 2,2-5). Nur *bitten* kann er sie, ihm zu folgen; »Herr über ihren Glauben« ist er auch als Apostel nicht (2Kor 1,24) – das ist allein Christus.

Dass die Kirche durch den *einen* Geist die *eine* Heilsgemeinde Gottes ist, ist eine Wahrheit, die sich immer nur durch viele *Kämpfe* hindurch erweist. Das ist heute nicht anders als zur Zeit des apostolischen Anfangs. Immer neu ist zu erfahren, aber auch mutig zu bewähren, dass es allein Gottes Geist selbst ist, der es schafft, dass die Kirche Christi in der Wahrheit Gottes bleibt. Dies schafft er nie sozusagen automatisch, sondern immer nur durch die Menschen, die er für sein Wirken in Anspruch nimmt. Aber weil es *seine göttliche* Kraft ist, durch die er sie in all ihrer eigenen Schwachheit befähigt, *sein* Werk zu tun, können *sie* sich auf seine Kraft verlassen, die in den Schwachen mächtig ist (2Kor 12,9f). Dazu bedarf es des klaren Wissens um die *Wirklichkeit* des Geistes Gottes, der sich von menschlichem Geist unterscheidet. Und es bedarf auch des persönlichen Mutes, aufgrund dieses

Wissens alles eigene Denken, Reden und Handeln in den Dienst des Heiligen Geistes zu stellen und selbst für die Wahrheit Gottes einzutreten, die der Geist lehrt.

Weil so faktisch geistliches und menschliches Wirken zusammenfallen, besteht in allem geistlichen Engagement immer auch die Gefahr, dass daraus unversehens eine Inanspruchnahme des Geistes für eine Durchsetzung dessen wird, was ich selbst will. Das kann in einer Selbsttäuschung geschehen, in der ich mir fraglos sicher bin, in der Vollmacht des Geistes zu handeln und die Wahrheit Gottes zu vertreten, in Wirklichkeit jedoch meinen eigenen Willen durchzusetzen suche. Deshalb ist es immer notwendig, alles, was *ich* tue, *aus dem Hören auf die Stimme des Geistes Gottes* zu tun. Solches Hören in immer wacher Offenheit des eigenen Geistes zu Gott kann und will gelernt und im Gebet ständig geübt werden. Für mich spielt dafür die Regel des Schweizer Heiligen Nikolaus von der Flühe eine zentrale Rolle: »Mein Herr und mein Gott: Nimm von mir alles, was mich hindert zu Dir. Mein Herr und mein Gott: Gib alles mir, was mich fördert zu Dir. Mein Herr und mein Gott: Nimm mich mir und gib mich ganz zueigen Dir«. Das ist wie eine immer wiederkehrende Aktualisierung der Taufe, nämlich jener Umkehr von der Egozentrik des der Sünde verfallenen Alten Menschen zur Liebe des befreiten Neuen Menschen zu seinem Erlöser. In diesem Gebet lernt man, konkret zu unterscheiden zwischen sich selbst und Gott. *Fehlt* solches Beten im geistlichen Handeln, so wird dieses sofort geistlos-starr; und aus der Autorität des Geistes in mir wird ein autoritäres Gehabe, das die, mit denen ich es zu tun habe, mundtot macht und ein freies *Antworten* erstickt.

Aber fehlende Hörfähigkeit im Gebet kann auch zu geistloser Resignation führen, in der ich sozusagen meine Schwachheit seligspreche und mich von allem Engagement *eigenen* Eintretens für die Wahrheit Gottes pseudodemütig zurückziehe und pseudolieb alle gewähren lasse, die die Wahrheit Gottes verkehren und dafür in der Kirche allseitige Toleranz fordern. Dies ist nach meinem Urteil gegenwärtig die ungleich größere Gefahr. Wo zwischen Wahrheit und Unwahrheit, Evangelium und Evangelium-Verkehrung überhaupt nicht mehr unterschieden werden soll, da verfällt sehr rasch die Autorität in der Kirche. Wo alles *gleich gültig* nebeneinander zu akzeptieren ist, da wird unversehens *gleichgültig*, was die Kirche in unserer Welt zu sagen hat. Das ist nicht weniger geistwidrig und geistlos wie autoritäre Starrheit.

Auch ökumenisch gesehen gibt es heute beide Formen der Verhinderung der Einheit der Kirche: *sowohl* eine autoritäre Starrheit konfessioneller Positionen, die gegeneinander zu bewahren für wichtiger gehalten wird als der Mut, alle eigenen konfessionellen Traditionen der kritischen Instanz des Heiligen Geistes auszusetzen; *ebenso aber* auch umgekehrt eine all-irenische, alles harmonisierende Tendenz, die konfessionellen Unterschiede und noch vorhandenen Gegensätze so mit ökumenischem Nebel zu überziehen, dass sie unsichtbar werden – weil doch die öffentliche Meinung des kirchlichen Parteienstreits überdrüssig sei und ökumenisches Zusammen*wirken* fordert, ohne sich ständig an der Wahrheitsfrage von Bibel und Bekenntnis festzubeißen, sei es doch in der heutigen Situation eines fundamentalen Meinungs-Pluralismus ohnehin müßig, nach gemeinsamen Lehraussagen zu suchen, in denen die Kirchen ihre Einheit finden müssten. Das eine wie das andere jedoch widerstreitet dem Geist Gottes, der auf jeden Fall die verantwortliche *Einung* der ganzen Kirche und die Spaltungen des 2. Jahrtausends zum Beginn des 3. Jahrtausends *überwinden* will.

Denn die große Aufgabe des 3. Jahrtausends ist es, *in der Welt der Religionen* die Wahrheit des Evangeliums zu bezeugen, das allen Völkern der Welt gilt und das einmal alle Völker vereinen will. Das kann nur geschehen, wenn alle Christen in der globalen Welt in die Wahrheit des *einen* Glaubens zusammenfinden, der in der *einen* Heiligen Schrift bezeugt ist, und als die *eine* Kirche des Volkes Gottes zusammen leben, so wie sie im apostolischen Anfang gegründet worden ist. Das kann nicht ein Glaube sein, den die einen so und die anderen anders bekennen und verstehen, und nicht ein christliches Leben, das jeder nach seiner eigenen Art führt. Was der Geist in Wahrheit will, ist im Epheserbrief ebenso deutlich wie eindrucksstark so ausgesprochen: »*Ein* Herr – *ein* Glaube – *eine* Taufe; der einzig-eine Gott als Vater aller, der über allen und durch alle hindurch und in allen wirkt (und zur Wirkung kommen will)« (Eph 4,5f).

Literaturhinweis

U. Wilckens, Theologie des Neuen Testaments I/2 (2003), 168-185; II/1 (2007), 269-313.

W. Huber, Der christliche Glaube. Eine evangelische Orientierung (^{4}2008), 133-190.

IV

»Wie kann der Gott der Liebe all das Leiden seiner Menschenkinder zulassen?«

Zum Theodizeeproblem

Wie kann es einen Gott geben, wie Christen ihn glauben: einen allmächtigen Gott, der gut ist und eine Welt geschaffen hat, die »sehr gut« ist (1Mose 1,31), einen Gott, der insbesondere alle Menschen zu seinem Ebenbild gemacht hat und sie liebt, – und der doch zulässt, dass Jahr für Jahr Tausende durch Naturkatastrophen umkommen, Hunderttausende an unheilbaren Krankheiten leiden, siechen und sterben müssen und Millionen in bitterster Armut und unmenschlichem Elend dahinvegetieren, von Hunger und Entbehrung gezeichnet von ihrer Geburt bis zu ihrem Tod! Wenn es einen Schöpfer gäbe, der Herr sein müsste über alle Kräfte der von ihm geschaffenen Natur, wie könnte er dann in unaufhörlicher Folge Erdbeben, Wirbelstürme, Überflutungen ganze Regionen der Erde verwüsten lassen? Wie kann man an einen Gott der Güte glauben, der die Geschichte des von ihm geschaffenen Lebens nach Gesetzen der Evolution so eingerichtet hat, dass in unerbittlicher Konkurrenz die Anpassungsfähigen überleben und siegen, während die Schwächeren zugrunde gehen und aus der Geschichte des Lebens auf Erden verschwinden müssen? Ist es da verwunderlich, dass die Geschichte der Menschheit allzu oft nach entsprechenden Regeln abläuft und ein Volk das andere unterwirft und ein Mensch dem anderen zum Wolf wird? Wenn es jedoch Gottes Wille ist, dass Menschen in gegenseitiger Achtung, ja in Liebe miteinander umgehen, wie es Jesus gelehrt hat, warum lässt dann dieser Gott Jesu immer wieder neu so viel Unrecht und Gewalt unter den Völkern und unter den Einzelmenschen geschehen und sieht lauter Triumphen des Bösen scheinbar untätig zu, wo er es doch bekämpfen und ausrotten müsste, wenn denn die Macht des Himmelreichs die Mächte des Bösen wirklich überwältigen kann, will und wird, wie Jesus es verkündigt hat?

Seit über drei Jahrhunderten begehren immer wieder Menschen dagegen auf, und manche werden darüber zu Atheisten. Für ihr Urteil ist die einzige Antwort auf all diese Fragen, dass es den Gott der Christen ganz offensichtlich *nicht geben könne* und statt seiner auch überhaupt keinerlei Gottheiten. Die Menschen müssten sich vielmehr *ganz allein von sich aus* aller Übel zu erwehren suchen, wie immer sie es können. Und wo sie es *tun,* müssten sie wissen, dass sie allein auf *ihre Vernunft* angewiesen seien, wo es darum geht, sei es Krankheiten zu bekämpfen, Hungersnöte zu lindern und Naturkatastrophen Herr zu werden, aber auch dem von Menschen selbst ausgehenden Bösen politisch zu widerstehen, es zumindest einzudämmen und womöglich endlich einmal ganz zu besiegen, damit so eine Menschheit entsteht, die in Frieden und Wohlwollen zusammenlebt.

Christen haben auf die gleichen Fragen nach Antworten zu suchen, mit denen ihr Glaube gleichwohl festen Grund unter den Füßen behält. Indem sie diese Fragen an Gott selbst richten: »Herr, warum das alles und wozu?«, mindert das ihre tiefe Betroffenheit über all diese Katastrophen und über alles Unrecht, das Gottes Liebe doch widerspricht, keineswegs – im Gegenteil! Wer Gott als den Vater aller Menschen im Glauben *ernst nimmt,* der kann gar nicht anders, als mit all den vielen Mitmenschen von Herzen mitzuleiden, die von Katastrophen heimgesucht worden sind und die in Angst und in Elend leben müssen. Gerade so aber wird es auch für Christen zu einer tiefen *Anfechtung des Glaubens,* dass sie in der Tatsächlichkeit solch massenweisen Leidens und Umkommens ein rettendes Tun der Liebe Gottes so schwer – oder oft überhaupt gar nicht – zu erkennen vermögen. Wenn wir Jahr um Jahr am Karfreitag Jesus zu seinem himmlischen Vater schreien hören: »Mein Gott, mein Gott, warum hast du *mich verlassen?*« (Mk 15,34), dann wird der Gekreuzigte zum Mund aller Christen, ja der ganzen Schöpfung, von deren »Stöhnen« der Apostel Paulus als Hintergrund alles menschlichen Klagens spricht (Röm 8,22).

»*Theodizee*«-Fragen nennt man all dies, das heißt Fragen, in denen man Gott zur Rechenschaft zieht oder doch begehrt, mit eigenen Argumenten eine ›*Rechtfertigung*‹ *Gottes* zu finden im Blick auf alles unschuldige Leiden in seiner Welt. Als Problem unseres eigenen christlichen Glaubens will ich hier diese Fragen kritisch durchdenken – aber doch in dem Wissen, dass es eben diese Leidenswirklichkeit ist, die viele Nicht-Christen zum Atheismus zu nötigen scheint. Aber nicht der soll unser Thema sein, sondern die Fragen, die *uns Christen selbst* in unserem eigenen Glauben an Gott bedrängen. Vielleicht ergeben sich dabei aber doch Gesichtspunkte, die auch Atheisten zum Nachdenken bewegen können. Denn auch für sie gehört ja die Sinnlosigkeit des Leidens zur Wirklichkeit der Welt, in der *wir Menschen alle* faktisch leben; und ihr Urteil, einen Gott könne es daher nicht geben, ist ja doch keinerlei *Lösung* dieser Problematik – im Gegenteil: Die Sinnlosigkeit schlägt dann nur umso mehr auf ihre Weltanschauung durch und lässt auch ihren Humanismus zu einem im Grunde unlösbaren Problem werden.

1. Gottes Gerechtigkeit und die Sünde des Menschen

Die Antwort im alten *Israel* unterscheidet sich charakteristisch von der Antwort, mit der die *alten Griechen* zurechtkommen mussten. Diese sprachen vom *Schicksal* als der unerforschlichen Macht, der das Leben aller sterblichen Menschen unterworfen ist – ebenso aber auch das der unsterblichen Götter. Weder Menschen noch Götter können dem unerforschlichen Willen des Schicksals entrinnen. Die Tragödie war daher die Kunstform, in der dieses Wissen, mit dem Menschen sich bescheiden müssen, im öffentlichen Leben der griechischen Städte den angemessenen gemeinsamen Ausdruck gefunden hat.

Im Alten Testament dagegen wird dem Menschen als die Grundregel alles Lebens zugemutet: Das Gute, das du *tust,* ist wie der Same, aus dem dir *gutes Ergehen* erwächst – das Böse dagegen ist wie ein Gift, das dein Leben todträchtig vergiftet. Gutes führt zu Gutem, Böses zu Bösem – das klingt klar und einfach: Aber wahr und gültig ist diese Regel in Israel *unter der Grundvoraussetzung seines Glaubens an seinen Gott,* der in seiner Allmacht darüber wacht, dass alles böse Tun den Tod nach sich zieht, damit alles Tun des Guten zum Leben dienen kann, das Gott den Seinen geben will. Deswegen ist im Alten Testament charakteristischerweise vom Guten als Tun des *»Gerechten«* die Rede und entsprechend umgekehrt vom Bösen als vom Tun der *»Ungerechtigkeit«*. Gerecht nämlich ist *Gott,* der *tut,* was er *ist:* ein Gott, der in seiner Güte und Liebe denen, die auf ihn vertrauen, Leben schafft und ihr Leben rettet und der *darum* fordert und erwartet, dass die Seinen *seiner Gerechtigkeit* entsprechen und *tun,* was er ihnen als seinen Willen gebietet.

Weil *das* im Grunde die Wirklichkeit seiner guten Schöpfung ist, ist es »gerecht«, dass Gott alles Tun der Menschen, das dem Willen seiner Gerechtigkeit widerstreitet, zu *dem* Ende kommen lässt, das diese Sünder mit ihrem Tun selbst *wollen:* zum Tod. So sieht die Welt aus, wie sie mit den Augen des Glaubens gesehen wird. Denn die besondere Geschichte des Bundes, den Gott mit seinem erwählten Volk *Israel* gestiftet hat, ist ja das Vor-Bild, das Ur- und Vorausbild *der* Geschichte, die der Schöpfer *seiner ganzen Schöpfung zugedacht hat. Alles im* Leben, alles Leben *überhaupt,* kann nur gelingen im Verbund mit Gott; es kann nur gut sein, »sehr gut« (wie der Schöpfungsbericht der Genesis immer wiederholt), wenn die Menschen ihr Leben, das der Schöpfer ihnen in unendlicher Vielfalt gegeben hat, so annehmen und so *Gottes* Lebenswillen entsprechend leben, *wie* er es ihnen gegeben hat.

Die Selbstständigkeit, in der sich jedes einzelne Geschöpf von jedem andern unterscheidet, gehört zur Schöpfung Gottes wesentlich hinzu und so auch die unendliche Vielfalt der von ihm geschaffenen Welt und Natur. Die letzte Gestalt, in der sich diese von Gott gewollte Selbstständigkeit ausprägt, ist die Freiheit und Eigenverantwortung *der Menschen,* die er ihnen als seinem Ebenbild eingestiftet hat (1Mose 1,26). Damit ist Gott sozusagen das Risiko eingegangen, dass der Mensch seine Freiheit nicht nur verantwortlich in eigenem Tun des guten Willens Gottes gebraucht, sondern sie auch unverantwortlich missbrauchen kann in eigenwilligem Tun, das Gottes Willen widerstreitet. In der Tat wollen Adam und Eva alsbald nach ihrer Erschaffung selbst »sein wie Gott« (1Mose 3,5) und sich die Fähigkeit aneignen, die Gott sich selbst vorbehalten hat (1Mose 2,16f.): zu bestimmen, was gut und was böse für sie ist. Aber dieses Risiko gehört zur Großartigkeit der Schöpfung Gottes hinzu, der eine Welt lebendiger Menschen geschaffen hat und keinen bloß funktionierenden Apparat, der seinen Willen automatisch vollführt.

Gleichwohl: *Bereits die ersten Menschen* verfallen diesem Risiko. Die Geschichte Gottes mit seinen Menschen beginnt mit der *Sünde* bereits inmitten des Paradieses, mit ihrer Abkehr von Gott, die Gott mit ihrer Ausweisung aus dem Paradies beantwortet. So entsteht bereits hier am Anfang der Geschichte zwischen Gott und den Menschen die *Theodizeefrage: Warum* wollte und will der Mensch so eigenwillig selbst darüber bestimmen, was gut und böse ist, so dass alle Menschen damit von Anfang an dem

Bösen verfallen leben und ihr Leben im Tode enden muss? Warum nimmt der Mensch seine *Freiheit* als Ebenbild Gottes nicht in freiem *Gehorsam* an – zu einem *Leben* ohne Tod, wie Gott es will?

Nun wird niemand Gott dafür anklagen wollen, dass er den Menschen in Freiheit und Selbstverantwortung geschaffen hat, dass Gott ihn als sein persönliches Gegenüber will, den er *ansprechen* kann als Ich und Du und der ihm *antworten* kann mit Du und Ich. Aber kein Christ wird Adams Antwort zustimmen, keiner Gott kritisieren, dass er die Entscheidung über Gut und Böse sich selbst vorbehalten habe, statt Adam und Eva auch diese als die eigentliche Erfüllung der ihnen gegebenen Freiheit zuzugestehen. Das ist erst die Anklage, mit der *der neuzeitliche Mensch der Aufklärung* die Geschichte seiner Emanzipation begonnen hat; und deswegen ist es zum Problem erst der Moderne geworden, wie sich die volle, unbegrenzte moralische Freiheit des Menschen in »reiner Vernunft« mit einem Glauben an Gott überhaupt noch vereinbaren lasse; und so liegt in der Neuzeit der Atheismus als allein konsequente »Lösung« von Anfang an sehr nah.

2. Das Theodizeeproblem im Hiobbuch

Doch zurück zum Alten Testament! In Israel wurde die Regel: »Gutes führt zum Leben und Böses zum Tod« dort zu einem *theo*-logischen *Problem,* wo im tatsächlichen Leben allzu oft das Gegenteil geschieht: Sündern geht es gut, ja bestens – und Gott treue Gerechte erfahren lebenslang ein Übel nach dem andern (Ps 73). Jene sterben reich und satt und hochgeehrt – und ein armer Lazarus liegt in erbärmlichem Zustand vor dem Tor des Reichen und verendet unbeachtet (Lk 16,19-21). Wie kann der gerechte Gott solche Ungerechtigkeit zulassen – wo doch dies seiner eigenen Gerechtigkeit so klar widerspricht? So klagen viele Psalmisten und erwarten ein Eingreifen Gottes, damit sich endlich seine Gerechtigkeit als gerecht *erweise.* Und so schreien Gerechte in höchster Not zu ihrem Gott, warum er sie verlassen habe (Ps 22).

Das ist das Thema des *Hiobbuchs.* Nach dem ›Vorspiel im Himmel‹ lässt Gott dem Satan freie Hand, Hiob durch vielfaches Leiden zum Abfall von Gott zu versuchen – Gott zeigt sich gewiss, das werde seinem Widersacher bei diesem beispielhaften Gerechten nicht gelingen. Und so widerfährt Hiob ein Unglück nach dem andern, schließlich wird er an einem Geschwür dauerhaft krank, so dass selbst seine Frau aufbegehrt »Hältst du immer noch fest an deiner Glaubenstreue? Lästere Gott und stirb!« Hiob aber antwortet: »Nehmen wir das Gute an von Gott, sollten wir dann nicht auch das Böse annehmen?« (Hiob 2,9f). Doch dabei bleibt es nicht. Das »Warum« kommt schließlich doch als Anklage des unschuldig Leidenden gegen seinen Gott auch auf seine Lippen. Er nimmt sich dazu das Recht gegen seine Freunde, die ihn wie seine Inquisitoren besuchen: Nach ihrem Urteil kann es gar nicht anders sein, als dass Hiobs Krankheit Gottes Strafe für irgend eine Sünde ist, die er nur nicht eingestehen will. Denn es *kann* doch gar nicht sein, dass *Gott* ungerecht ist – *Hiob* ist es, der ihm das vorwirft und mit dieser Blasphemie seiner Sünde geradezu die Krone aufsetzt. Durch die ganze Folge von Dialogen hindurch *bleibt* Hiob aber bei seiner Anklage gegen Gott im Namen der Gerechtigkeit Gottes – bis er am Ende gewahr wird, dass ihm, dem kleinen Menschen auf Erden, Kritik an dem Schöpfer des Alls schlechterdings nicht zusteht. So unterwirft er sich dessen Allmacht – und Gott erlöst ihn daraufhin von seiner Krankheit und gibt ihm wieder ein in Reichtum glückliches Leben, und so darf Hiob schließlich sterben wie die Erzväter: »hochbetagt und satt an Lebenstagen« (Hiob 42,17).

Die Theodizeefrage aber, die doch das Thema dieses Buches ist, ist auf diese Weise eher niedergeschlagen als gelöst: Kann es denn eine überzeugende Antwort für einen Menschen sein, der an Gott *als den Gerechten* glaubt, eingestehen zu müssen, dass Gott mich sehr wohl *ungerecht* behandeln darf, um mich *zu prüfen,* ob ich mein Ja zu ihm durchhalte auch durch extremes Unglück hindurch – und das heißt doch, ob mein Glaube an Gottes *Gerechtigkeit* so stark ist, dass er auch eine Fülle von Erfahrungen von *Ungerechtigkeit* durchsteht, ohne in Unglauben umzuschlagen?

Jedoch: In Israel ist das Grundvertrauen zu Gott als dem Schöpfer und Retter trotz tiefer Infragestellungen nie zerbrochen – beziehungsweise richtiger gesagt: Im Alten Testament kommt ein Theodizee-bedingter Atheismus nirgends zu Wort. Wenn in den Psalmen vielfach von »Gottlosen« die Rede ist (besonders Ps 14 und 53), dann sind diese mit ihrer Parole »Es gibt keinen Gott« nicht im Recht, so reden nur Rechtsbrecher. Dass Gott existiert, dass es für alles Leben zentral wichtig ist, mit der Wirklichkeit des einzig-einen Gottes ernsthaft zu rechnen, das hängt für Israel mit der lebendigen Erinnerung an das Urwunder des Exodus zusammen, der Befreiung aus der Sklaverei in Ägypten, der Führung mitten durch das Meer hindurch und der Offenbarung des Namens Gottes auf dem Berg Sinai mit der ewig-gültigen Zusage, dass dieser Gott des absoluten »*Ich bin,* der Ich bin« (2Mose 3,14) ganz und gar *für* seine Erwählten da ist (2Mose 20,2; 34,6). Mit der Gegenwart dieses Namens in seiner Mitte lebt Israel – diese Urwirklichkeit ist schlechthin nicht zu hinterfragen, und wer sie leugnet, setzt sich ins Unrecht; dessen Leben verfällt zu Recht absoluter Nichtigkeit und Unsinnigkeit. Das ist der Grund dafür, dass auch ein Hiob nicht zum Gottesfeind wird, dass er sich am Ende doch der klaren Übermacht Gottes unterwirft. Das Gegenteil, eine totale Resignation an Gottes schöpferischer Allmacht wäre für einen Israeliten nicht einmal in der Hölle je denkbar.

3. Das Theodizeeproblem in Gott selbst

Ein *Theodizee*problem erwächst Israel nicht aus einem *Zweifel am Dasein seines Gottes,* sondern umgekehrt aus der *Mitte seines Lebens mit Gottes Dasein:* nämlich dort, wo Israels Zuwiderhandeln gegen Gott, seine Sünde, so groß und schwerwiegend geworden ist, dass Gottes gerechter Zorn seiner vergebenden Liebe und Barmherzigkeit im Sinn von 2Mose 34,6 keinen Raum mehr lässt – dass die Heilswirklichkeit des *Bundes* Gottes mit seinem Volk zerbrochen ist. Davon war im 1. Kapitel die Rede.

Das ist akut geworden durch die Zerstörung Jerusalems und die Deportation des Volkes nach Babylonien in eine Gefangenschaft, deren Ende unabsehbar war – eben weil *diese* Gefangenschaft, anders als die am Anfang in Ägypten, durch Israels Sünde selbst verschuldet war. Auch dies ist zu einer unauslöschlichen Erinnerung in Israel geworden: der Erinnerung an die Wirklichkeit des Zorngerichts seines Gottes, durch das die Wirklichkeit seines Bundes rechtens ihr Ende gefunden hat.

Das aber bedeutet: Die Sünde Israels hat der heilschaffenden Liebe Gottes eine weitere Verwirklichung verhindert. *Das* zu erkennen und mit diesem Wissen fortan leben zu müssen, führt für Israel zu einer *ganz anderen Art von Resignation:* nämlich zur Hoffnungslosigkeit von Sündern, die selbst daran schuld sind, daß ihr Gott ihnen statt seiner Leben und Heil schaffenden Liebe durch sein Zorngericht das Unheil der Vernichtung zukommen lassen muss.

Dadurch ist nun jedoch *in Gott selbst* sozusagen ein eigenes Theodizeeproblem entstanden: Sein Name in 2Mose 34,6f besagt, dass seine barmherzige Liebe seinem Zorn an Kraft *überlegen* ist – und zwar so, dass diese Überlegenheit zum *Wesen* Gottes gehört. Gott kann in dieser Situation des Zerbrochenseins seines eigenen Bundes sozusagen nicht Er selbst bleiben, der ICH BIN, DER ICH BIN von 2Mose 34,6, wenn er nicht einen *neuen* Weg fände, sein Zorngericht zwar zu vollstrecken, aber *darüber hinaus* seine Liebe zur Wirkung zu bringen, die Heil schafft *aus der Heillosigkeit heraus.* Das ist der Grund, warum nun eine Wende in der Geschichte des Handelns Gottes erfolgen muss: Sein heilschaffendes Wirken gewinnt über die irdische Geschichte Israels hinaus einen endzeitlich-ewigen, *»eschatologischen« Horizont.* Gott *ist* Er-selbst, indem er eine *Vergebung* der Sünde seines Volkes schafft, durch die diesem *ganz neues Heil* in der Zukunft einer neuen Zeit zuteil wird – und zwar so, dass dieses Neue die heillose Wirklichkeit des Alten *aufhebt* und daraus eine *Wirklichkeit neuen Lebens wird als Auferweckung aus dem Tod.* (Davon ist im voranstehenden Kapitel die Rede gewesen).

4. Die Lösung des Theodizeeproblems im Heilsgeschehen des Sühnetods und der Auferweckung Jesu

Diese neue ›Phase‹ der Heilsgeschichte Gottes hat im Alten Testament begonnen mit der Ankündigung neuen Heilshandelns Gottes in endzeitlicher Zukunft durch die Propheten Jeremia, Ezechiel und den Zweiten Jesaja bis hin zu Daniel und der darauf aufbauenden Apokalyptik. Ihren Höhepunkt hat sie gefunden in der *Geschichte Jesu.* In seiner Verkündigung des Anbruchs der Herrschaft Gottes zur Errettung der Verlorenen und in seinem Kreuzestod zur Erlösung der Sünder von der Macht der Sünde hat Gott eine Heilswirklichkeit eines *Neuen* Bundes heraufgeführt, an der über Israel hinaus *alle* Menschen teilhaben sollen, die ihr volles Lebensvertrauen auf den auferstandenen Herrn aller Herren setzen und im Gehorsam zu ihm leben. In Christus hat Gott seinen Namen von 2Mose 34,6 vollkommen und endgültig verwirklicht. Seine Liebe errettet die Glaubenden aus dem ewigen

Verderben des Gerichts seines Zornes zur Teilhabe am Auferstehungsleben seines Sohnes.

Dies nun ist die eigentlich christliche Antwort auf das Theodizeeproblem: Über alles Leiden auf Erden, so sehr es auch todträchtiges Elend über viele Menschen bringt, öffnet sich die ewige Zukunft des rettenden Heilshandelns Gottes als die letzte, endgültige Lebenswirklichkeit, in der – wie es in der Johannesapokalypse heißt – alle Tränen getrocknet werden und es kein Leid, keinen Jammer und keine Mühsal mehr geben wird, wo sich erfüllen wird: »Siehe, ICH erschaffe alles neu!« (Offb 21,3-5). In dieser Vollendung des von Jesus verkündigten Reiches Gottes wird sich das schöpferische Handeln Gottes, durch das bereits in der gegenwärtigen Welt alles Bestehende seine Wirklichkeit hat, als die letzte Macht erweisen, die dann dem neuen Universum des »Himmelreichs« ewige Wirklichkeit schaffen wird. Und im Licht, das diese *neue Welt* Gottes durchstrahlt, wird sich dann auch der jetzt verborgene Sinn alles Leidens in unserer gegenwärtigen alten Welt erhellen, sowohl aller Opfer menschlichen Unrechts als auch aller Opfer von Naturgewalten, die wir jetzt nicht verstehen können.

Nur in der Urgewissheit des Glaubens an den *einen* Gott, der alles erschaffen hat und alles neuschaffen *wird*, kann auch das ganz unverständliche, unsinnige, ja widersinnig-ungerechte Geschehen – zwar nicht als sinnvoll und gerecht verstehbar, wohl aber hingenommen und sogar angenommen werden. Ein solches Sich-Ergeben in den unerforschlichen Willen Gottes ist mehr als Hiobs Antwort der Unterwerfung des Winzlings Mensch unter den Willen eines göttlichen Herrschers, dem zuzugestehen ist, dass er machen kann, was er will. Etwas ganz anderes ist es: nämlich ein Vertrauen in die Allmacht der *Liebe* Gottes über alles irdische Verenden hinaus, deren geistliche Wirklichkeit uns bereits jetzt in der Auferweckung des gekreuzigten Gottessohnes vor Augen steht, an der wir in jedem Gottesdienst spürbar teilhaben, ohne sie mit irdischen Augen sehen und mit menschlich-begrenzter Vernunft verstehen zu können – eine »Hoffnung wider alle Hoffnung«, wie der Apostel Paulus sich hochdialektisch ausdrückt (Röm 4,18; 8,24). »Ohne ihn zu sehen, liebt ihr ihn«, sagt Petrus in seinem 1. Brief und bestärkt Christen, die gegenwärtig von Verfolgungsleid schwer bedrängt sind, in ihrem Glauben an Christus: »Ihr *werdet* jubeln in unaussprechlicher, herrlicher Freude, wenn ihr das Ziel eures Glaubens erreichen werdet: das Heil eures Lebens« (1Petr 1,8f).

Diese Hoffnung also ist es, sie allein, die uns ermächtigt und auch dazu bewegt, Gott zuzutrauen, dass er auch allem Unsinnigen einen letztlich guten Sinn geben wird. In solchem Glauben können auch schwer und lang Leidende sich täglich Gott anvertrauen und können Helfer ihnen glaubwürdig beistehen, ohne den Mut zur Geduld zu verlieren. In solchem Glauben kann sogar auch das entsetzlichste Unrecht, das in der Geschichte der Menschheit Menschen Menschen angetan haben – das der Shoa an Millionen Juden – bleibend erinnert werden, ohne an der Gerechtigkeit Gottes irre zu werden. Zwar kann niemand wissen, warum Gott dies alles hat geschehen lassen. Aber im Glauben an ihn kann man darauf in der Gewissheit hoffen, dass er am künftigen Tage der Auferweckung der Toten jeden Einzelnen von all diesen Ermordeten ins Leben der Vollendung hineinführen wird, Person für Person.

5. Bereits gegenwärtig verstehbarer Sinn von Leiden

Im Licht der Auferstehungshoffnung bleiben zwar alle Aspekte des Theodizeeproblems *offen*. Aber die antwortlosen *Warum*-Fragen an Gott verwandeln sich in *Wozu*-Fragen, auf die es eine Antwort gibt, die sich als unendlich viel wichtiger erweist als die uns verschlossenen Warum-Fragen.

Aber unter dem bestimmenden Zukunftsaspekt der Heilshoffnung kann es hier und da geschehen, dass auch bereits manches gegenwärtige Leiden einen Sinn gewinnt, der zu verstehen und anzunehmen ist. Es könnte sich zum Beispiel zeigen, dass man durch das Ertragen von Leiden innere Stärke erlangt, dass man etwas Wichtiges lernen kann durch Leiden, von manchen Illusionen frei und dadurch im Umgang mit sich selbst reifer wird. Otto Hermann Pesch formuliert das so: »Gegenüber dem eigenen Leiden gibt es die Erfahrung, dass es mich im Glauben stärker, in der Hoffnung realistischer, in der Liebe feinfühliger gemacht hat. Und in diesem Sinne können viele Menschen von sich sagen: ›Das Leiden war für *mich* sinnvoll‹«[1].

Vor allem Leiden, die einer stellvertretend für einen andern erträgt, können einen sehr wichtigen Sinn bekommen. Wer zum

1 Katholische Dogmatik aus ökumenischer Erfahrung I/2, 633.

Beispiel seinen Ehepartner in dessen unheilbarer Krankheit durch viele Jahre hindurch bis zum Tod begleitet, der verzichtet zwar bewusst auf vieles Eigene, um am Geschick des anderen teilzunehmen. Und wenn er auch in Augenblicken der Verzweiflung nicht mehr weiß, wozu das alles dienen solle, so hilft doch jedes kleine Zeichen von Dankbarkeit in den Augen des anderen über solche Krisen hinweg. Es gibt viel mehr solcher Heldentaten aktiven Mitleidens mit Leidenden mitten unter uns, als viele wissen. Manche stehen mir konkret vor Augen, die ich schlicht bewundere. *Dabei* vergeht mir jeder Gedanke einer Anklage gegen Gott, ich staune vielmehr über solche Geschichten der Treue im Mit-Leiden, die durch Gott gesegnet sind.

6. Realistische Ernstnahme der Leiden in dieser Welt

Doch solche Leiden, die sich als sinnvoll verstehen lassen, sind, aufs Ganze gesehen, ›Ausnahmefälle‹. Es wäre ganz unsinnig, daraus so etwas wie eine Theorie einer göttlichen Leidenspädagogik zu machen, die alles Leiden positiv zu erklären vermöchte, als habe Gott darin Gutes mit uns im Sinn, dass er uns durch Leiden zum Guten erziehen wollte. Nein, gerade Christen müssen durchaus zugestehen, dass auch sie für die Fülle von Leiden und von bösem Unrecht, die es in der Welt, in der wir leben, nun einmal gibt und seit Menschengedenken gegeben hat, keine Erklärung wissen. Es fällt uns durchaus schwer, an Gott als den Schöpfer zu glauben, der uns Menschen als seine Kinder liebt, ohne zu wissen, warum er all dieses Unglück und Elend so viele seiner Menschen unverschuldet treffen und sie darin umkommen lässt, ohne einzugreifen, um ihnen herauszuhelfen; oder auch nur, warum er *zulässt*, dass solches alles immer wieder geschieht. Es wäre geradezu zynisch, darin irgend eine verborgene Absicht Gottes entdecken zu wollen oder auf den Gedanken zu verfallen, dass bei allen Großartigkeiten dieses kosmischen Wunderwerks der Schöpfung Gottes einige Ungereimtheiten als Ausnahmen doch sehr wohl zu entschuldigen wären. Mit solcherart Argumenten haben in früheren Zeiten auch große Geister gemeint, den Warumfragen des Theodizeeproblems zu entkommen: Diese Welt sei doch auch so immerhin die beste aller möglichen Welten. Nein, Christen sollen realistisch die Welt so sehen, wie sie ist: mitsamt der Fülle von Leiden, die in Widerspruch stehen zu dem zentralen Inhalt der Verkündigung Jesu: dass Gott *alle Verlorenen* retten will und dass davon kein einziger ausgenommen ist.

7. Die Lösung aller Theodizeeprobleme in der endzeitlichen Zukunft des Reiches Gottes

Aber das ist nun das Entscheidende: Zwar weist Jesus uns auf die Fürsorge des Schöpfers für die Vögel und für die Blumen, um uns all unser Sorgen um das tägliche Brot als Widerspruch gegen Gottes Liebe erkennen zu lassen. Aber das elementar Wichtige unseres Alltags ist, sagt Jesus, dass wir uns dabei *auf das kommende Reich Gottes* ganz und gar einlassen, in dem Gottes Schöpfung ihre Vollendung und alles Leben seine Erfüllung finden wird (Mt 6,33). Nur die, deren Hauptsorge es ist, am Reich Gottes der endzeitlichen Zukunft teilzuhaben, können frei werden von der Geißel der Sorgen um die Güter dieser Welt. Denn im künftigen Anbruch seines ewigen Reiches wird Gott alle Gaben seiner Schöpfung erneuern und so allererst vollenden.

Nicht vom *Rückblick* also auf den *Anfang* der Welt erklären sich die Rätsel und Anfechtungen der Theodizee, sondern allein *aus dem Aspekt der großen Hoffnung auf das Ende.* In Gottes *künftigem* Rettungshandeln werden alle ungelösten Fragen an Gottes Schöpfergüte angesichts aller Widersprüche der Geschichte dieser Welt erst ihre wirkliche und vollgültige Antwort finden: Wenn Gott alle Tränen trocknen wird, die in den Jahrhunderten dieser Weltzeit geweint worden sind, dann wird keiner der Getrösteten, Geretteten und Erlösten mehr nach dem Warum der Tränen fragen. Im Zusammenhang jener Errettung werden all diese Warum-Fragen mit beantwortet sein in einem Sinn, den wir jetzt noch nicht wissen können. Im Johannesevangelium sagt Jesus dies mit einem Bild: »Eine Frau hat während des Vorgangs der Geburt Schmerzen, weil ihre Stunde gekommen ist. Wenn sie aber ihr Kind geboren hat, denkt sie nicht mehr an ihre Bedrängnisse über der Freude, dass ein Mensch zur Welt gekommen ist. So habt auch ihr jetzt Schmerzen; aber wenn ich euch wiedersehen werde, wird euer Herz sich freuen, und diese Freude wird euch nie mehr weggenommen werden« (Joh 16,21f).

8. Die Einwände gegen diese Lösung

Nun richten sich aber die gewichtigsten Einwände moderner Kritik eben gegen diese Lösung der Theodizeeprobleme mit der Hoffnung auf die zukünftige Vollendung: Sind denn das alles nicht bloße Vertröstungen auf ein ›Jenseits‹, um den Problemen des ›Diesseits‹ *auszuweichen*? Entwerfen da Christen nicht ihre *Wunschbilder*, wie die Wirklichkeit der Schöpfung ihres Gottes eigentlich sein sollte, an einen künftigen *Himmel voller Ideale?* Ja, wird an dieser Stelle nicht offenbar, dass *der ganze Glaube an Gott*, bei Lichte besehen, nämlich im Licht der reinen *Vernunft* beurteilt, nichts anderes ist als ein künstliches Gebilde aus religiösem Lug und Trug – Religion also wie eine Art »*Opium*«, durch das die Leute das tatsächliche Elend ihrer Lebenswirklichkeit ein Leben lang ertragen können, das sonst für sie unerträglich wäre? Und mag man darin sogar noch eine positive Bedeutung der Religion sehen können – so hat der Vater der sozialpolitischen Revolution, Karl Marx, gerade solchen Mitleidsaspekt verdammt, weil dieser die wahre Lösung für das religiös verführte Volk mit perfider Absicht vernebeln solle, als probates Mittel der Herrschenden, ihre politische Zwangsherrschaft über die Massen höchst wirksam zu unterstützen: Opium also *für* das Volk, das die Herrschenden den Beherrschten mit zynischer Absicht verabreichen, damit diese nicht auf die Idee kommen, sich gegen sie zu erheben! Das war – und ist! – ein wesentliches Mittel kommunistischer Politik: gezielte Erziehung zum Atheismus und Ersetzung der Religion durch das revolutionäre Bewusstsein, dessen großes Zukunftsziel die Errichtung der »Herrschaft des Proletariats« ist als eines von Menschen für Menschen zu schaffenden Reiches – statt jenes religiösen Gottesreiches des christlichen Glaubens.

Was haben wir Christen darauf zu antworten? Gewiss, man darf auch die Gegenfrage an die Kritiker stellen: wie denn der wahre Lebensgewinn aussieht, der »rein humanistischen« Menschen zuteil wird, nachdem sie alle Religion abgestoßen und in sich ausgemerzt haben? Sollte es nicht zu denken geben, von wie viel mehr misslingendem Leben in moderner Literatur zu lesen und in modernen Theater- und Filmstücken mit zu erleiden ist als von einem Glück wirklich erfüllten Lebens, das sich in bewusster und konsequenter Religionslosigkeit schaffen lassen soll?

Doch solche Gegenfragen können auch eine Form des Ausweichens sein, statt dass sich jeder Christ selbst fragt: Wie sieht *dein eigenes Leben* in seiner Wirklichkeit aus? Gibt es darin Erfahrungen von Leben, die sich als stark genug erweisen, Leiden so zu ertragen, dass gerade auch darin *echte Freude an Gott* alle Kümmernisse überwindet? Und wie *begründest du selbst* die Hoffnung auf die Zukunft des Reiches Gottes, in der einmal alles Leiden dieser Welt abgetan und alles zerstörte Leben geheilt und ganz und gar erneuert werden *wird?*

9. Die Wirklichkeit der Auferweckung Jesu als Grund christlicher Heilshoffnung

Ich persönlich weiß nur *eine* Antwort,, die mich als Christen vom Grunde her überzeugt und die allem eigenen Zweifeln echt standhält. Und ich denke als Theologe, *es gibt* auch nur diese eine Antwort für *alle Christen* – es ist die, die in jedem Ostergottesdienst zu hören ist und gemeinsam gefeiert wird »Jesus Christus ist auferstanden – er ist wahrhaftig auferstanden«. In seiner Auferstehung ist das Reich Gottes bereits angebrochen, in dem Gott seine Schöpfung vollenden wird und alle todträchtige Folgewirklichkeit der Sünde der ganzen Menschheit endgültig aufgehoben sein wird.

An dieser *Heilswirklichkeit* des Auferstehungslebens Christi können *wir* bereits jetzt im Voraus teilhaben. Und was wir davon in jedem echten Gottesdienst der Kirche Sonntag für Sonntag erfahren können, ist wirkliches Erleben, ist Brot, das man zum Leben elementar braucht und auf das man sich eine Woche hindurch von Herzen freuen darf. Gewiss, es ist nicht das ganze volle Heil, sondern dessen Vorausschein. Aber es sind Erfahrungen *wirklichen Auferstehungslebens.*

Und gewiss, die Weise, *wie* ich es erlebe, ist sehr wechselvoll – mal strahlend-direkt, aber auch oft nur sozusagen andeutend-indirekt. Viele sehr fromme Christen berichten sogar von Phasen undurchdringlichen Dunkels, durch das hindurch sie dem Herrn mehr zu begegnen *hoffen* als ihn *erleben*. Aber die Wahrheit der Auferstehung Christi *selbst* ist so elementar-gewiss, wie all unsere Sehnsucht, im eigenen Herzen etwas von ihr zu erleben, nie gewiss sein kann. Man darf sehr wohl sagen: Auch wenn unsere Erfahrungen des Glaubens so schwach sind, dass sie einem Licht gleichen, das in jedem Augenblick zu erlöschen droht – es ist *nie nichts,* das wir im Hören auf Gottes Wort und im Essen und Trinken der eucharistischen Gaben Christi empfangen. Hier ist ein Ort im christlichen Leben, an dem es ein Theodizeeproblem tatsächlich nicht gibt beziehungsweise nicht bleibend geben muss, weder in der konkreten Erfahrung noch im theologischen Nachdenken.

Man kann das einem Kritiker nicht sozusagen andemonstrieren. Aber wenn es um die Wahrheit unseres Glaubens und unserer Hoffnung angesichts des zwischen uns strittigen und strittig bleibenden Theodizeeproblems geht, dann können wir als Christen sehr wohl mit Argumenten von Gewicht antworten: Dass *Jesus Christus* auferstanden *ist,* ist ein Geschehen, dessen *Wirklichkeit* vernünftig nicht ganz und gar zu bestreiten ist. Die *Heilsbedeutung* dieses Geschehens freilich: dass darin Gott an seinem gekreuzigten Sohn in letzter Allmacht gehandelt hat und uns an seinem Auferstehungsleben teilgibt und in der endzeitlichen Zukunft in Fülle auf ewig teilgeben *wird* – das ist eine Erkenntnis, die allein durch Gottes Geist zu erfahren ist. Sie kann nur mittelbar argumentativ begriffen werden, einerseits historisch, sofern der eschatologische Charakter der Auferstehung Jesu aus dem Sinnzusammenhang der damaligen jüdischen Auferstehungshoffnung zu verstehen ist; andererseits vernünftig, sofern alle Geschichte zukunftsgerichtet ist und auf ein letztes Ziel hinausläuft. Dass jedoch *ich* im Heiligen Mahl am Auferstehungsleben Christi teilhaben darf und ebenso zugleich *wir Christen alle* als Glieder der Kirche, das lässt sich nur als ganz persönliche Erfahrung bezeugen, nicht beweisen.

10. Ergebnis

So ist das Ergebnis: Das bedrückende Problem, wie man als Christ angesichts der Fülle von Leid, Unrecht und Gewalt in der Welt an den Gott glauben kann, der diese Welt geschaffen hat und sie liebt, ist *nur eschatologisch von der Auferweckung Jesu Christi her zu bewältigen.* Weil diese *wirklich geschehen ist,* kann der Glaube an Gott und die Hoffnung auf ihn vollauf gewiss sein, dass er in der endzeitlichen Zukunft *alle* Toten zum Leben auferwecken, alles Leid in Freude verwandeln, alles erlittene Unrecht aufheben und die Macht des Bösen auf ewig überwinden und zunichte machen *wird.* In der Gewissheit dieser Hoffnung kann und darf zwar kein Christ vor der Realität alles Leidens die Augen verschließen. Aber alle Katastrophen der Gegenwart und auch alles Erleiden bösen Unrechts verlieren ihr letztes Gewicht der Endgültigkeit. Im Glauben an Christus muss sich kein Mensch für unrettbar verloren halten und darf keiner einen noch so schwer Leidenden aufgeben.

Weil es der für uns gekreuzigte Christus ist, mit dessen Auferstehungsleben wir uns im Glauben verbunden wissen und erfahren, gewinnt alles Leiden und alles Mitleiden auch noch einen anderen Sinn: als *Teilhabe an Christi Leiden.* So wird Leiden nicht nur erträglich, sondern es gewinnt sogar einen positiven Sinn: Ich bin darin Christus besonders nah; und in den Augen dessen, der meiner Teilnahme und meiner Hilfe bedarf, sehe ich die Augen Christi selbst. »Was ihr getan habt einem dieser Geringsten« – sagt Jesus –, »das habt ihr mir getan« (Mt 25,40). So kann zwischen uns beiden eine geistliche Vertrautheit entstehen, weil wir gemeinsam auf ihn zu vertrauen lernen, dessen Liebe in *seiner* Passion *uns zugute* kommt. So war es zur Zeit von Matthias Grünewald im Klosterhospiz von Isenheim gemeint, wenn man die vielen durch Mutterkorn vergifteten todkranken Pilger von ihrem Lager aus ständig auf ihren Herrn in seinem Leiden *für sie* schauen ließ. Keine depressive Resignation führte hier Regie, sondern ein Glaube, für den eine starke Kraft des Trostes darin besteht, den Herrn anzuschauen, der an seinem Kreuz die fürchterlichsten Schmerzen und die Anfechtung schrecklichster Ängste auf sich genommen hat, um sie mit diesen Kranken zu teilen; aber zugleich zu wissen, dass die Liebe, die Christus ihnen darin erweist, nicht in seinem Tod ein deprimierendes Ende gefunden, sondern in seiner Auferstehung ihren Sieg errungen hat, an dem sie alle teilhaben werden.

Das Neue Testament ist voll von anrührenden Ermutigungen, sich von Leid und Todesangst nicht erdrücken zu lassen, sondern dies alles in der Gemeinschaft mit der Passion Christi durchzustehen, an dessen Leben aus dem Tod teilzuhaben unsere gewisse Zukunft ist. Ist so der Horizont des Endes in absoluter Nichtigkeit durch den der endzeitlichen Heilung und Vollendung überwunden, dann kann die Hoffnung darauf zu einer wirkungsvollen Kraft werden, alle Widrigkeiten im eigenen Leben zu ertragen und sie tapfer und getrost durchzustehen. Und erfahren wir im Gebet die Nähe des mit uns leidenden Christus, dann ist dies ein wirksamer Schutz davor, dass uns das eigene Leiden so auf uns selbst konzentriert, dass wir es verlernen, mit andern Leidenden Gemeinschaft zu haben, ihnen zu helfen und von ihnen Hilfe zu erfahren.

Petrus ermutigt uns so: »Ihr Lieben, lasst euch nicht befremden, wenn selbst Feuerstürme (von Leiden) euch anfechten, als widerführe euch etwas Fremdes! Sondern weil ihr ja darin teilhabt an den Leiden Christi, freut euch darauf, dass euch künftig seine Herrlichkeit offenbar werden wird, und ihr in die Freude und den Jubel (seiner vollendeten Gemeinde) mit einstimmen werdet« (1Petr 4,12f).

Und Paulus sagt das Gleiche in seiner Kunst sprachlicher Dialektik: »Überall bedrängt, sind wir doch nicht eingeengt. Wir wissen nicht, wo aus und ein, aber den Weg verlieren wir dennoch nicht. Verfolgt werden wir, aber nicht im Stich gelassen; zu Boden geworfen, aber nicht zum Garaus. Immer lassen wir das Sterben Jesu an unserem Leibe wirken, damit dann auch das Leben Jesu an unserem Leib offenbar wird … Wie Sterbende sind wir – und siehe, wir leben; geschlagen, aber nicht zu Tode geprügelt; betrübt, und doch voller Freude. Arme sind wir, aber so, dass wir viele reich machen. Mit leeren Händen stehen wir da, aber doch so, dass wir alles besitzen« (2Kor 4,8-10; 6,9f).

Wäre hier nicht in voller Realistik von all dem die Rede, worunter auch wir Heutigen leiden – von plötzlich uns überfallenden Krankheiten und ständigen Schmerzen bis hin zu Verzweiflungen und Aussichtslosigkeiten –, so könnte man aus diesen Sätzen einen triumphalen Optimismus heraushören. Aber weder überglänzt die hoffnungsvolle Freude die bedrückenden Ängste noch aber überschattet umgekehrt eine Depressivität von Leid Gezeichneter die Zuversicht des Glaubens. Ja, man kann sogar sagen: Macht man sich diese Sätze zu eigen, so zeigt sich, dass es wirklich *nieder*drückende Theodizeeprobleme in einem geistlich erlernten christlichen Leben nicht gibt. Dazu ist die Hoffnung auf die endzeitliche Erlösung aus allem Leiden zu gewiss und zu stark. Zwar ist diese, solange wir unser irdisches Leben leben, immer vom oft brutalen Gegenteil überschattet. Aber die Hoffnung des Glaubens vermag mitten in der Nacht gegenwärtiger Anfechtungen das Licht des herannahenden Tages vorauszusehen – des Tages, auf den dann keine Nacht mehr folgen wird.

Literaturhinweis

O.H. Pesch, Katholische Dogmatik aus ökumenischer Erfahrung I/2 (2008), 625-634.
T. Koch, Mit Gott leben (1989) 264-313.

V

Wie ist der drei-eine Gott als der eine Gott zu verstehen?

1. Trinität – ein umstrittenes Thema

Dass der einzig-eine Gott als Vater, Sohn und Heiliger Geist wirkt, ist das Kennzeichnende *christlichen* Gottesglaubens im Unterschied zu dem der beiden anderen monotheistischen Weltreligionen. Sowohl vonseiten des Judentums wie besonders auch vonseiten des Islam wird das Christentum deshalb kritisiert, weil hier durch die *Dreiheit* der Personen des Vaters, des Sohnes und des Geistes die *Einheit* im Grunde zerstört worden sei. Ein rein monotheistischer Glaube könne nur von *einer* ›Person‹ sprechen, der des *einzig*-einen Gottes, neben dem es eben keine weiteren göttlichen ›Personen‹ geben könne und geben *dürfe*. Insofern ist die Dreiheit des einen Gottes der Christen für die Gläubigen der anderen beiden Religionen ein Problem – das tiefgründigste Problem ihres Dialogs, und für die wahrhaft und konsequent glaubenden Juden und Muslime sogar eine Verletzung der Ehre Gottes und also Blasphemie. Für Juden gibt es zwar eine Fülle von Engeln, die den einen Gott umgeben, aber diese beten ihn an als seine Diener und lassen sich als seine Boten zu den Menschen senden. Das 1. Gebot duldet auch im Himmel keinerlei Ausnahmen: »Du sollst keine anderen Götter haben neben Mir« – das gilt absolut exklusiv. Und für Muslime ist zwar Mohammed der *eine* Prophet des *einen* Gottes Allah – aber als solcher keineswegs göttlich. Das zentral Wichtigste, das Mohammed verkündet und lehrt, ist eben dies: dass Allah der eine, einzige Gott ist und jedwede Verehrung von Gottheiten außer ihm Götzendienst.

Nun gilt das 1. Gebot auch für Christen sehr wohl als das Gebot über allen Geboten; und das Glaubensbekenntnis der Juden aus 5Mose 6,4f hat auch für Christen zentrale Bedeutung: »Höre Israel, der Herr unser Gott ist *einer*. Und du sollst den Herrn, deinen Gott, lieben von ganzem Herzen, von ganzer Seele und mit deiner ganzen Kraft.« Das lehrt auch Jesus und lobt einen jüdischen Schriftgelehrten, der ihm auf seine Frage nach dem höchsten Gebot mit diesem ihm vertrauten Glaubensbekenntnis antwortet (Mk 12,28-34). Aber umso unverständlicher und ärgerlicher ist es für jeden frommen Juden, dass es eben dieses höchste Gebot ist, das Christen, indem sie es anerkennen, zugleich dadurch außer Kraft setzen, dass sie neben Gott dem Vater den Menschen Jesus als Gottes einen Sohn bekennen und obendrein auch noch den Heiligen Geist als dritte göttliche Person! Gewiss ist das Alte Testament voll von Zeugnissen über den Heiligen Geist – aber der ist eben doch *Gottes* Geist, der *eine* Geist des *einen* Gottes. Auch das sehen Christen genauso – aber nach dem Neuen Testament ist dieser Geist mit Jesus fest verbunden (Mk 1,10f), ja, nach der Weihnachtsbotschaft ist Jesus sogar durch den Heiligen Geist als Gottes Sohn von der Jungfrau Maria geboren worden (Lk 1,35)!

In der Tat ist es für uns Christen ein schwieriges Problem, Juden oder Muslimen gegenüber zu begründen, dass und warum unser *trinitarischer* Glaube wirklich *monotheistischer* Glaube ist.

Nun kommt aber hinzu, dass seit 300 Jahren die Drei-Einheit Gottes in unseren eigenen Reihen umstritten ist. Dieser Streit geht davon aus, dass viele Theologen seit der Zeit der Aufklärung in Jesus nur einen Menschen sehen, den sogenannten »historischen Jesus«. Dessen Besonderheit bestehe zwar darin, dass er in einzigartiger Weise das Heilshandeln Gottes verkündigt und sich selbst entsprechend als einen Propheten besonderer Art gewusst und sich als solcher Gott besonders nahe erfahren habe, keineswegs jedoch könne er als Gottes eigener Sohn verstanden werden – *das* sei erst ein theologischer Gedanke der ersten Christen der frühen Kirche, mit dem man die göttliche Herkunft der Verkündigung und Lehre Jesu und vor allem auch den göttlichen Sinn seines Kreuzestodes und seiner Auferstehung zu *deuten* versucht habe. Und unglücklicherweise sei dann im 4. Jahrhundert daraus das Dogma der Dreieinigkeit geworden, mit Spezialbegriffen aus griechischer Philosophie, mit denen man für die griechisch denkende Kirche ausdrücken wollte, dass Jesus als der Sohn Gottes ganz eins mit Gott sei, ohne jedoch an Gottes Stelle sozusagen zum ›Gott der Christen‹ zu werden. Selbstbewusste moderne Christen brauchten sich daran aber nicht mehr zu halten – gehörten doch Göttersöhne in Menschengestalt zur Mythologie des Altertums. So befremdlich modernen Menschen ein Gottessohn Jesus sei, so nah und so vertraut sei ihnen der Mensch Jesus mit seiner Rede von der Liebe Gottes, des Vaters aller Menschen als seiner Kinder. Und erst recht der Geist dieser Religion könne doch nicht ebenfalls als eine Person aufgefasst werden, als sei er einer der Geisterwesen von Urreligionen bis hin zu modernen Gruselfilmen! Sondern: Der Geist christlicher Religion könne doch nur der *Geist menschlicher Vernunft* sein, in dem heute ebenso verständlich die Botschaft Jesu ausgesprochen und gedeutet werden sollte wie einst den Menschen des griechischen Altertums im Dogma von Nizäa-Konstantinopel der damalige Glaube an Jesus als Gottes Sohn. In diesem Geist vernünftiger Religion könne heute wohl vom »Gottes*bewusstsein*« Jesu die Rede sein, das von uns gut nachzuvollziehen sei, vielleicht auch von *Gefühlen* mystischen Einsseins mit Gott – aber jedenfalls sei dieser Geist *unser* Geist und dieser Gott Inhalt *unserer* Religiosität. Eine Lehre von einem Gott in drei göttlichen Personen – die passe nun einmal nicht mehr für Menschen unserer Zeit und Welt! Und überdies sei schon die Vorstellung als solche, dass Einer drei sei, ganz unsinnig; nicht einmal in der kühnsten Fantasie moderner Mathematiker könne sie einen Sinn gewinnen.

2. Die trinitarische Struktur des im Neuen Testament bezeugten Heilsgeschehens

Um in diesem Gestrüpp von Problemen Wege zu einem christlichen Verstehen zu finden, müssen wir uns zuerst an das Neue Testament wenden – im Alten Testament lassen sich Auskünfte über diese spezifisch *christliche* Lehre zunächst gar nicht finden. Erst in der Alten Kirche hat man trinitarische Spuren an einigen Stellen des Alten Testaments entdeckt, aber sozusagen mit neutestamentlichen Augen und unter Voraussetzung der Zusammengehörigkeit beider Testamente als der einen Heiligen Schrift.

Nun sucht man aber auch im Neuen Testament eine thematisch ausgeführte *Lehre* von der Dreieinigkeit Gottes vergebens; und zusammen genannt werden Vater, Sohn und Heiliger Geist auch nur an wenigen Stellen. Die wichtigste ist die Schlussszene des Matthäusevangeliums: In Mt 28,19 befiehlt der auferstandene Jesus seinen elf Jüngern, in allen Völkern Menschen in die

Jüngerschaft zu ihm zu führen und sie zu taufen »auf den Namen des Vaters und des Sohnes und des Heiligen Geistes«. Noch heute wird in allen christlichen Kirchen mit diesem Wortlaut getauft. Doch wird in Mt 28 nicht eigens *begründet*, wieso und warum diese Tauformel trinitarisch formuliert ist. Offenbar wird das als aus der Taufliturgie bekannt vorausgesetzt. Das erstaunt allerdings den heutigen Leser nicht wenig, weil dies die einzige Stelle im ganzen Neuen Testament ist, an der die Formel bei der Taufhandlung trinitarisch lautet – sonst ist es durchweg allein der Name Jesu Christi, auf den getauft wird. *Dies* also muss die im Urchristentum allgemein übliche Taufformel gewesen sein, die trinitarische in Mt 28 wird aus einer besonderen Gemeindetradition stammen. Das muss aber nicht heißen, dass diese als eine trinitarische Erweiterung der geläufigen rein christologischen Formel aus späterer Zeit zu beurteilen ist. In einer judenchristlichen Schrift, der sogenannten Zwölfapostellehre aus dem frühen 2. Jahrhundert, erscheint die trinitarische Taufformel genauso selbstverständlich wie in Mt 28 (Did. 7,1). Darum ist wohl damit zu rechnen, dass in *juden*christlicher Tauf-Praxis der eine Gott als der Vater ausdrücklich mit Jesus, seinem Sohn, zusammen genannt wurde, um das Missverständnis der jüdischen Umwelt auszuschließen, als ob die Christen den Messias Jesus an die Stelle des einzig-einen Gottes setzten; und so könnte auch der Heilige Geist als die Gabe der Taufe an 3. Stelle ausdrücklich hinzugefügt worden sein, weil für Juden wie für Christen selbstverständlich war, dass der Heilige Geist der Geist *Gottes* ist. Zwischen Gott dem Vater und Gottes Heiligem Geist war dann auch die Zugehörigkeit des Messias Jesus zu eben dem einzig-einen Gott Israels deutlich erkennbar. In den vielen *heiden*christlichen Gemeinden aber war eine solche jüdische Kritik nicht zu erwarten – hier konnte unmissverständlich allein von Jesus Christus die Rede sein, mit dem die Christen durch ihre Taufe so verbunden worden sind, dass ihr ganzes Leben einbezogen ist in das Heilsgeschehen des Todes und der Auferstehung ihres Herrn.

So kann Paulus dies in seiner Auslegung der Taufe im Römerbrief (Kap. 6,3f) als bekannt voraussetzen: »Ihr wisst doch: Alle, die wir auf Christus Jesus getauft worden sind, sind in seinen Tod hineingetauft. Wenn wir also mit ihm zusammen begraben worden sind in (seinen) Tod hinein, so werden, wie Christus von den Toten auferweckt worden ist durch die (Allmacht der) Herrlichkeit Gottes, auch wir (Christen) in der neuen Wirklichkeit des Lebens (des auferstandenen Christus) unser Leben führen.« Die alles christliche Leben bestimmende Verbundenheit mit Christus hat ihren Grund darin, *dass Christus für uns gestorben und auferstanden ist* und wir daher an dem Kreuz- und Ostergeschehen seines Todes und seiner Auferstehung *konkret teilhaben*. Und weil in diesem Christus widerfahrenen Geschehen *Gott* ganz mit ihm eines war und ist, ist in dieser Taufsprache des Paulus *wesenhaft* auch von *Gott* die Rede; und dass Paulus hier in Röm 6 nicht auch vom Heiligen Geist als der Gabe der Taufe spricht, hängt mit der Komposition des Römerbriefs zusammen, nach der vom Wirken des Heiligen Geistes erst hernach in Röm 8 ausführlich die Rede ist. So lässt sich bei näherer Betrachtung deutlich erkennen, dass der Sache nach auch der Heidenapostel Paulus das *Taufgeschehen* sehr wohl trinitarisch versteht, obwohl die im Taufakt gebrauchte *Formel* nur Jesus Christus nennt.

Bleiben wir nun auf dieser Fährte und betrachten diese Aussagen über den Heiligen Geist in *Röm 8,1-17*, wo Paulus die zentrale Deutung der Taufe von Röm 6 nun auf das ganze christliche Leben getaufter Christen ausweitet. Mit dem Empfang des Geistes Gottes in der Taufe, sagt er in Röm 8,1-4, widerfährt einem Christen eine durchgreifende und umfassende *Befreiung seines Lebens*: Wir sind frei geworden von der Verurteilung Gottes, die uns als Sünder so betrifft, dass Gott uns den Folgen unserer Abkehr von ihm ganz überlässt, und diese Folgewirkung ist eine tödliche Schädigung unseres gesamten Lebens, das, gelöst von Gott als dem Schöpfer und Geber und also abgeschnitten von der Quelle wahren, sinnreichen Lebens, tiefer Sinnwidrigkeit und gründlichem Sinnverlust verfällt. (Von diesem Sinn der Sünde ist in den vorangehenden Kapiteln mehrfach die Rede gewesen.) Gott selbst aber hat in seiner Rettungsliebe diesen Bann gelöst und uns neues Leben geschaffen und es uns dadurch geschenkt, dass sein eigener Sohn Jesus Christus diese Todeswirklichkeit unseres der Sünde verfallenen Lebens ganz auf sich selbst gezogen und sie an unserer Statt in seinem Kreuzestod für uns erlitten hat. Die Folge ist, dass *wir* davon frei geworden sind und mit unserer ganzen Existenz mit Gott als dem Ursprung und der Quelle wahren Lebens verbunden sind und zu ihm gehören, weil wir zu seinem Sohn gehören, den Gott zum ewigen Leben auferweckt hat. Das ist ein ganz neuer schöpferischer Akt Gottes, in dem er uns ein ganz neues Leben schafft – denn unser durch unsere Sünde verdorbenes Leben kann nicht einfach wiederhergestellt werden, so wie ein Todkranker durch Genesung doch noch einmal zum Leben kommt. Ein Mensch, der sich von Gott getrennt hat, ist vielmehr ganz und gar dem Tod verfallen. Das neue Leben, das Gott ihm schenkt, ist deshalb ein Leben mitten aus der vollendeten Todeswirklichkeit heraus – als das Wunder der Auferweckung eines Toten. Dieses Wunder hat Gott an Christus vollbracht: Ihn, seinen eigenen Sohn, der für uns Sünder gestorben ist, hat Gott von diesem Tod am Kreuz auferweckt (davon war im 2. Kapitel die Rede). So ist das neue Leben, das den befreiten Sündern als Geschenk widerfährt, das *Auferstehungsleben Christi,* an dem wir teilhaben dürfen. Nicht unser eigenes Leben ist es, das wir zurückgewinnen, sondern Christi Leben, mit dem verbunden wir ein gänzlich neues Leben führen: als *Leben in »Christus Jesus«,* wie Paulus oft in konzentriertester Formulierung sagt. In der Tat haben Christen zu allen Zeiten eine tieflebendige Verbindung mit Christus gleichsam als Lebens-Quelle in ihrem Innersten erfahren, aus der alles sich speist, was sie tun und fühlen und denken.

Sosehr es nun aber das Leben *Christi* ist, an dem wir seit unserer Taufe teilhaben, so ganz geht es darum, dass wir dem Willen Christi in uns in all unserem Tun folgen. So wird die *Gabe* der Taufe zur *Aufgabe,* die wir in eigenverantwortlichem Gehorsam zu erfüllen haben. In der alttestamentlichen Sprache des Paulus kommt *das* zum Ausdruck im Gegensatz von »Fleisch« und »Geist«[1]. Folgt ein Christ dem *Willen Christi,* so lässt er sich darin auf den *Geist Gottes* ein, der auch der Geist Christi ist. Folgt er dagegen auch in seinem Leben als Christ statt dem Willen Christi dem Eigenwillen, so handelt er »nach dem Fleisch«. Das wird in Röm 8,5-11 zum Thema. Wer Bachs Motette ›Jesu meine Freude‹ im Ohr hat, der hört, wie hart Paulus hier den Gegensatz zwischen Geist und Fleisch herausstellt. Es geht um *letzte* Entscheidungen eines Christen. Wer *»nach dem Fleisch«* lebt und damit dem Willen des Geistes Christi zuwiderlebt, den er in der Taufe empfangen hat, der bricht mit der Liebe Christi, die ihn aus der Todeswirklichkeit der Sünde errettet hat, und verfällt damit erneut, aber nun endgültig dem Tod. Darum kommt für einen Christen alles darauf an, dem Willen des Geis-

1 Dazu vgl. S. 53-56.

tes zu folgen, dessen Kraft der Auferweckung aus dem Tod ihn vollauf zu solchem Gehorsam befähigt. Und ein Christ darf wissen, dass Gottes Geist den, der sich auf ihn im Glauben verlässt, sehr wohl davor bewahren kann, der Verführung zum Tod zu erliegen. Diese Kraft hat Gottes Geist in der Auferweckung Christi erwiesen – und nichts Geringeres als diese Kraft ist es, die Christus jedem der Seinen zur Verfügung stellt, der ihn dort zur Hilfe ruft, wo jener unselig-gefährliche Konflikt zwischen dem Eigenwillen seines »Fleisches« und dem Willen des Geistes in ihm akut wird – so wie es in der Geschichte des Markusevangeliums jener Besessene mit dem Gebetsruf getan hat: »Ich glaube, Herr – hilf meinem Unglauben!« (Mk 9,24). So kann Paulus diese Reihe von Sätzen, in deren Aufeinanderfolge sich der Gegensatz zwischen Geist und Fleisch immer mehr verschärft, mit dem Triumph schließen, den Bach in seiner Motette in so herrlicher Musik erklingen lässt: »Wenn aber der Geist dessen, der Jesus von den Toten auferweckt hat, in euch wohnt, so wird Gott, der Jesus von den Toten auferweckt hat, auch eure Todbedrohten Leiber zum Leben erretten durch seinen Geist, der in euch wohnt« (Röm 8,11).

Überblicken wir diesen mit Recht berühmten Abschnitt des Paulus in Röm 8, so zeigt sich ein fester Zusammenhang von Aussagen über Christus, über Gott und über den Heiligen Geist. Jeder von diesen Dreien hat seine eigene Bedeutung, ohne die der ganze Sinnzusammenhang zusammenbrechen würde: *Christus* hat uns aus der Herrschaft von Sünde und Tod durch seinen Tod für uns errettet. *Gott* hat diese Rettung dadurch verwirklicht, dass er Christus aus dem Tod zum Leben auferweckt hat. Die Kraft dieser Rettung ist Gottes *Geist*, der zugleich der Geist des auferweckten Christus ist. In der Taufe hat dieser Geist in unserem Herzen Wohnung genommen, indem er uns teilgibt am Tod Christi und an seinem Auferstehungsleben durch Gott. So kann Paulus vom *Geist Gottes* zugleich als von dem *Geist Christi* sprechen und sowohl sagen: »*Gottes* Geist wohnt in uns« wie auch zugleich: »Christus wohnt in uns« (V. 9f)

Diese Einheit von Gott, Christus und dem einen Geist beider, in der jedoch jeder dieser Drei sein je Eigenes tut, in ihrem Tun jedoch das *eine* Heilsgeschehen unserer Errettung von Sünde und Tod sich vollzieht, lässt sich nur als *trinitarisch* verstehen. Dabei ist es hier gar nicht die Absicht des Paulus, so etwas wie eine Trinitätslehre aufzustellen. Er spricht vom *Heilsgeschehen* in Christus und von unserer Teilhabe daran, die unser christliches Leben ganz und gar bestimmt. Das kann er aber gar nicht, ohne ständig von Christus, von Gott und vom Geist Gottes und Christi zu sprechen. Das trinitarische Verhältnis dieser Drei *ergibt sich* aus dem inhaltlichen Zusammenhang des Heilsgeschehens und unserer Teilhabe daran. Es ist Paulus völlig selbstverständlich, dass es der einzig-eine Gott ist, der im Christusgeschehen und im Taufgeschehen für uns gehandelt hat und in uns handelt. Aber das Heilshandeln dieses einen *Gottes* geschieht in *Christi* Tod und Auferstehung; und es ist der *Geist Gottes,* der uns daran teilgibt – darum ist er zugleich *Christi* Geist.

Was wir in Röm 8 ausführlicher betrachtet haben, zeigt sich an vielen anderen Stellen des Neuen Testaments in ähnlicher Weise, und zwar in mannigfach verschiedenen thematischen Zusammenhängen. An drei ausgewählten Texten soll das hier noch weiter verdeutlicht werden.

Im *1. Korintherbrief,* in dem Paulus Konflikte in der Gottesdienstgemeinde zu überwinden suchen muss, die durch eigensüchtigen Missbrauch der Gaben des Geistes entstanden sind, stellt der Apostel im 12. Kapitel der zerstrittenen Gemeinde ihr Urbild als der eine Leib Christi vor Augen, und die Einleitung dazu lautet so: »Verschiedenheiten der Gnadengaben gibt es wohl, aber nur *den einen Geist.* Unterschiedlich sind die Dienste (die in der Gemeinde zu leisten sind), aber Jesus Christus (um dessentwillen all diese Dienste nötig sind) ist der *eine Herr.* Und unterschiedlich sind auch die Kräfte (die im Leben der Gemeinde wirksam werden) – aber es ist *der einzig-eine Gott,* der alles in allen bewirkt.« (V. 4-6). Christus, der Heilige Geist und Gott sind wesenhaft eines in ihrem verschiedenen Wirken – das spiegelt sich im Zusammenleben der christlichen Gemeinde, *wenn* alle sich von diesem göttlichen Wirken leiten lassen.

Den *2. Korintherbrief,* in dem der Apostel sich heftig mit Gegnern auseinandersetzt, durch deren Machenschaften die Gemeinde in Zwietracht untereinander gebracht worden ist, schließt er ab mit einem trinitarischen Segen. »Die Gnade unseres Herrn Jesus Christus und die Liebe Gottes und die Gemeinschaft, die der Heilige Geist schafft, seien mit euch allen (13,13). Die Gnade Christi ist die Rettungsmacht seines Kreuzestodes, die Liebe Gottes sein allmächtig-schöpferischer Heilswille, unser zerstörtes Leben zu heilen, die Gemeinschaft des Heiligen Geistes die *soziale Wirklichkeit,* die dort immer neu entsteht, wo alle sich auf die *Heils-*

wirklichkeit der Christus-Teilhabe einlassen, die Christus durch seine Gnade und Gott durch seine Liebe in ihnen geschaffen haben.

Ähnlich schließlich lautet auch die Mahnung des Apostels im *Epheserbrief* (Kap. 4,1-4) an die Christen, sich in ihrem Miteinanderleben von der Demut Christi leiten zu lassen und so die Einheit zu bewahren, die der Heilige Geist schafft und schenkt. Und auch hier wird diese Mahnung bekräftigt durch einen Doppelruf aus der Taufliturgie: »*Ein* Herr – *ein* Glaube – *eine* Taufe! *Ein* Gott, der Vater aller, der über alle (herrscht) und durch alle hindurch (wirkt) und *in* allen (ist)« (V. 5f). »Herr ist Jesus« – das ist das in der Urkirche geläufige Bekenntnis, das ein Täufling vor der versammelten Gemeinde abzulegen hatte. »Gott hat ihn von den Toten auferweckt« ist das Zentrum christlichen Glaubens (vgl. Röm 10,9f). Und die Taufe, durch die man Christ wird, eint alle Christen. Das Bekenntnis zu dem *einen Gott*, das sich hier anfügt, umschreibt die Universalität seiner Herrschaft über alle Menschen wie auch über das All schlechthin. Dieses Nebeneinander des Bekenntnisses zu dem »Herrn« Jesus Christus und zu Gott dem Allherrscher ist von daher zu verstehen, dass Kyrios (»der Herr«) die griechische Umschreibung des biblischen *Namens Gottes* ist, der für Juden so heilig war (und bis heute ist), dass er auch im Hebräischen nur in der Umschreibung »der Herr« ausgesprochen werden darf. *Dass der einzig-eine Gott seinem einen Sohn Jesus Christus als dem auferweckten Gekreuzigten seinen ureigenen Namen zuerkannt hat* (Phil 2,11), ist *das Ur-Mysterium alles Christentums.* Für jeden frommen Juden jedoch ist eben dies ein *gotteslästerlicher Skandal:* dass Christen in ihrem Glauben an Jesus als den Messias so weit gehen, diesen mit dem urheiligen Namen des einzig-einen Gottes anzurufen!

Damit sind wir zu dem allein wahren Problem christlichen Glaubens an den drei-einen Gott vorgestoßen. Dem gegenüber haben alle anderen Probleme mit der Trinitätslehre innerhalb der Alten Kirche und in der Diskussion moderner Theologie ein nachrangiges Gewicht.

Von Anfang an bejahen Christen den biblischen Glauben an den einzig-einen Gott vollauf. Sie sehen es als ein tiefes Missverständnis an, wenn Juden ihren Glauben an *Jesus* als den Sohn Gottes und den *einen* Herrn als Bruch des Glaubens an den einzig-einen Gott verstehen und verurteilen. Aber wie können wir es *begründen*, dass unser Glaube an *Jesus* als den Herrn der Einzigkeit *Got-*

tes als des einen Herrn nicht Abbruch tut, sondern vielmehr als die wahre Konsequenz aus dem Sinn der Einzigkeit Gottes, ja als deren radikale Verwirklichung zu verstehen ist?

3. Die trinitarische Struktur im Wesen des biblischen Gottes selbst

Eine überzeugende Begründung kann nur im Rückgang auf den heiligen Namen Gottes selbst gegeben werden.

Dazu müssen wir zum Sinn der dreifachen Ausführung des Namens im Buch Exodus zurückkehren, von der in den vorangehenden Kapiteln bereits mehrfach die Rede gewesen ist. Wir sahen: Das erste Mal, als Gott Mose seinen Namen offenbart hat, lautet dieser: »Ich bin, der ich bin« (2Mose 3,14). Gott stellt sich hier als ICH vor, neben dem es kein anderes gleichartiges und gleichrangiges ICH gibt und niemals geben *kann* und geben wird. Dieser ganz und gar *exklusive* ICH-Gott hat Israel als sein ureigenes Volk erwählt und *sich* ihm ganz und gar zugesprochen: »ICH bin Gott: *dein Gott*« (2Mose 20,2). So radikal, wie er jeder Gottheit anderer Völker das Gott-sein *abspricht*, so radikal spricht er Israel zu, dass er mit allem, was er selbst ist und tut und tun wird, *für Israel* da ist. Es gibt in Gott nichts Eigenes, was sein Fürsein für Israel etwa einschränkte. Seine ganze reine Heiligkeit und grenzenlose Majestät dient seinem Willen, für dieses Volk Israel da zu sein. Diese *Zuwendung*, in der *sein Wesen* besteht, wird in 2Mose 34,6 konkret ausgeführt: »Barmherzig ist er und gnädig, geduldig und reich an Liebe und Treue«. Das sagt Gott, unmittelbar nachdem Israel von ihm als seinem einzig-einen Gott *abgefallen* ist und voller Begeisterung seine Verehrung von *selbstgemachten* Göttern gefeiert hat (2Mose 32). Mose bittet ihn flehentlich darum, seinen berechtigten Zorn dennoch nicht in der Vernichtung dieses »abtrünnigen«, in religiösem Egoismus Gott trotzenden Volkes wirken zu lassen, sondern sich derer zu erbarmen, die eingesehen haben, dass sie mit ihrer Anbetung selbstgemachter Götzen den Bund mit dem allein wahren Gott gebrochen haben. Auf diese Fürbitte antwortet Gott: »Wem ich gnädig *bin*, dem *bin* ich gnädig; und wessen ich mich erbarme, dessen erbarme ich mich« (2Mose 33,19). In dieser Formulierung klingt deutlich der Urname Gottes von 2Mose 3,14 an: »Ich bin, der ich bin«. Sein »Ich bin« erweist sich selbst in dieser Situation des Treubruchs derer, »*für*« die er Gott ist, als Gnade und Erbarmen: In seinem ICH ist wesenhaft enthalten, *dass seine Zuwendung auch Treulosen gilt* und der Wille seiner Liebe so *all*mächtig ist, dass er in dem Treubruch seiner Geliebten nicht seine Grenze, nicht sein Ende findet. Und so spricht er in der Mitte seines Namens in 2Mose 34,6 als die Wahrheit seiner selbst aus, dass seine Liebe seinem Zorn übergeordnet ist – das ist der Sinn des hebräischen Ausdrucks, der in der griechischen Übersetzung als »langmütige Geduld« wiedergegeben ist. *Gottes* Geduld übertrifft alle Langmut menschlicher Geduld. Sie ist grenzenlos. Und so konkretisiert er diese Geduld in 2Mose 34,7 so, dass er seinen Zorn gegen sein bundbrüchiges Volk zwar nicht einfach aufgibt – er wäre ja nicht Er-selbst, Gott, wenn es seiner Liebe zu Israel schlicht gleichgültig wäre, wenn Israel sie seinerseits verrät. Nein, er verwirklicht seinen Zorn sehr wohl, indem er sein Volk der Folge seines eigenmächtigen Wahns überlässt, es könnte sein Leben auch ohne seinen Gott bestehen, mit seinen selbstgemachten Göttern. Er lässt zwar jedesmal Unglück über Israel kommen, wenn sie bundbrüchig geworden sind, und lässt sie so merken, wie sehr sie seine Hilfe brauchen. *Aber:* Gott begrenzt seinen Zorn auf eine relativ kurze Zeit und wird danach umso mehr erweisen, dass die Gnade seines Bundesschlusses grenzenlos ist. Das bringt er Israel nahe durch die sehr menschliche Verhältnisbemessung von 3 zu 1000. Tausende von Jahren, will sagen: *ewig* gilt seine Gnade – sein Zorn dagegen nur eine kurze Zeit, zweier oder dreier Generationen.

Wenn man die Wahrheit dieses Namens Gottes bedenkt, in dem er sein *Wesen* ausspricht, so bedeutet das tatsächlich einen *trinitarischen Ursinn* im Sein Gottes selbst. Gottes ICH wirkt sich aus in seinem Für-Sein *für andere,* denen er seine ureigene Liebe so *ganz zuwendet,* wie er selbst ganz ICH ist. Gott *ist* die Liebe, die er *schenkt.* Mit andern Worten: Das Du der von Gott geliebten Menschen gehört mit Gottes ICH in Gottes Wesen zusammen. Gott ist nicht ICH für sich selbst allein, nicht ohne seine Bundespartner. Indem er diesen sich selbst zuspricht, schafft er ihnen die Möglichkeit, ihn als Du anzusprechen. Indem Gott seinen Bund mit ihnen schließt, spricht er ihnen selbstverantwortliches ›Person‹-sein zu, anerkennt, ja liebt er sie als von sich Unterschiedene. Damit traut er ihnen zu, dass sie die Partnerschaft, derer er sie würdigt, in entsprechender eigener Bundestreue erwidern. Er ›riskiert‹ aber auch, dass sie seine Treue durch eigene Untreue verraten können. Doch auch in letzterem

Fall bleibt die Treue seiner Bundesgnade dem Treubruch seiner Bundespartner so unendlich überlegen, wie eben der einzig-eine *Gott* von allen Menschen unterschieden ist. Darin besteht das dritte trinitarische Element im Wesen Gottes: *sein Verhältnis* zu seinen Geliebten in seiner Gnade wie in seinem Zorn, und zwar so, dass seine Gnade nicht zulässt, dass sich der Treubruch seiner Geliebten in definitivem Unheil auswirkt. Seine Gnade ist seinem Zorn so überlegen, dass seine Liebe für seine Geliebten seinem Zorn gegen sie Grenzen zu setzen Macht hat. Das ist das überaus staunenswerte Geheimnis Gottes.

Darum gehört es zu Gottes Wesen, dass sich sein Sein in seinem *Handeln* auswirkt. Der biblische Gott bezieht sich eben nicht auf sich selbst in ewig-unbeweglicher Ruhe, sondern er *ist* in zielgerichteter *Bewegung*. Seine Geschichte mit seinen Erwählten ist die Weise seiner eigenen ›Selbstverwirklichung‹. Von Anfang an bezeugt die Bibel Gott, indem sie diese Geschichte seiner Taten erzählt. In seiner Geschichte tritt er ständig gleichsam *aus sich heraus* und ist eben *darin* ganz ›*bei sich*‹.

Wir haben gesehen, wie diese Geschichte mit Israel auf die Katastrophe der Zerstörung Jerusalems samt des Tempels als des Orts der Gegenwart Gottes inmitten seines Volkes und seiner Verbannung in die Gefangenschaft in Babylonien zugelaufen ist. *Für Israel* schien dies das Ende des Bundes mit seinem Gott zu sein, den es selbst immer wieder zerbrochen hatte. In seiner Gnade und Barmherzigkeit denkt aber *Gott* über diese Grenze seines Zorns gegen sein Volk hinaus und verheißt ihm in einer von ihm dereinst heraufgeführten Zukunft eine ewige Erneuerung seines Bundes.

Diese endzeitlich-zukünftige Erneuerung ist – so sahen wir – in der *Geschichte Jesu* inmitten des Gottesvolkes in ganz unerwartbar-neuer Weise zur Wirkung gekommen. Denn in diesem *Menschen* Jesus von Nazaret hat *Gott* sein Heilshandeln so zur Vollendung gebracht, wie es dem Geheimnis seines Namens von 2Mose 34,6 entspricht. Das Wirken Jesu *ist* Heilshandeln Gottes, in dem sich der Wille der Liebe Gottes erfüllt. Und indem Jesus in seinem Tod am Kreuz die Todeswirklichkeit des Zornes Gottes gegen sein Volk, das sich auch jetzt wieder der Heilsverkündigung Jesu widersetzt, als Gottes eigener Sohn am eigenen Leibe stellvertretend an sich selbst hat zur Auswirkung kommen lassen statt an den Sündern, vollzieht sich der Rettungswille Gottes. Und indem Gott Jesus durch die lebenschaffende Kraft seines Geistes aus diesem Tod auferweckt hat, hat Gott den Rettungswillen seiner Liebe zum endgültigen Sieg gebracht. In diesem Geschehen also hat Gott die erbarmungsvolle Liebe *seines eigenen Wesens* verwirklicht.

Das ist der Sinn der neutestamentlichen Rede von *Jesus als Gottes Sohn:* In ihm handelt der *eine* Gott. In *seiner* Verkündigung redet *Gott* selbst, wie er immer zuvor durch Mose und durch all seine Propheten zu seinem Volk geredet hat; aber der *Inhalt* dessen, was Jesus verkündigt, ist neu: dass die Königsherrschaft Gottes *jetzt* das Heil des *neuen* Bundes *vollendet,* das Propheten wie Jeremia für die Zukunft *angekündigt* haben. Darum ist Jesus »*mehr* als die Propheten« – in seinen Worten und Taten beginnt Gott endgültig zu verwirklichen, was er Israel in der Kraft seines Namens von Anfang an zugesagt hat als sein rettendes, Leben schaffendes Handeln, in dem er erweist, dass er *Er-selbst* ist *für* seine Erwählten. In Jesu Tod vollzieht die Gnade und Barmherzigkeit Gottes ihr letztes und größtes Werk: Indem Jesus als Gottes Sohn die tödliche Zorneswirklichkeit der Sünden – nicht nur Israels, sondern aller Menschen – an sich selbst hat auswirken lassen statt an den Sündern, so dass Sünder frei werden von ihrer Leben zerstörenden Schuld, erweist sich das einzigartige Wunder des Namens Gottes von 2Mose 34,6: Im Kreuz Christi hat Gottes Gnade seinen Zorn end-gültig beseitigt. Und in der Auferweckung Jesu aus diesem stellvertretenden Tod hat Gott die schöpferische Kraft seiner Gnade erwiesen: Denn die Auferwekkung Jesu ist der Beginn der verheißenen Heilsverwirklichung, in der die Macht des Todes über das Leben gebrochen und neues, vollkommenes Leben geschaffen werden soll. Wenn dieser *erste* Auferweckte der stellvertretend für alle Sünder gestorbene gekreuzigte Messias ist, so bedeutet das, dass Gott diesen allen an der vollendeten Lebenswirklichkeit Jesu, seines Sohnes, teilgibt. Also gilt tatsächlich: In *Jesu* Geschick hat die barmherzige Gnade der Liebe *Gottes* ihr letztes, größtes Werk vollbracht. Jesus und Gott, Gott und Jesus sind darin *wirklich eines.* End-gültig und unrevidierbar geworden ist der ursprüngliche Heilswille des einzig-einen Gottes. Jesus, der Gekreuzigte, ist der Sohn Gottes, in dessen Selbsthingabe für alle Sünder *Gott selbst* sein Für-Sein für seine Erwählten radikal und vollkommen verwirklicht. Und Jesus der Auferstandene ist der Mensch, an dem Gott sein heilschaffendes Handeln vollzieht und darin an all den vielen Menschen, für die Jesus als Gottes Sohn gestorben ist. Die *Einheit* Jesu mit Gott und Gottes mit Jesus besteht also in der Wirklichkeit dieses einen Heils-*Handelns* – so wie eben Gottes *Sein* sich als *Für-Sein* in seinem *Handeln* verwirklicht.

Daran hat auch der *Heilige Geist* teil. Er ist es – könnte man sagen –, der *in Gott selbst* die Einheit seines absoluten ICH und der Selbsthingabe in seinem Sein-für-andere sozusagen ständig vollzieht, so dass sie in Gottes Tun völlig übereinstimmen. Er ist es darum auch, der den Propheten gibt, Gottes Handeln anzukündigen, und der die Wahrheit ihrer Verkündigung bewirkt. So kommt in der Taufe *Jesu* der Geist Gottes auch auf ihn herab und erfüllt all sein Reden und Tun. Und so geschieht das Gleiche nach Ostern in jedem Taufgeschehen. Hier ist es das in Jesus vollbrachte Heilshandeln Gottes, an dem der Geist getauften Christen teilgibt. Und so schafft der Geist im Zusammenleben der Christen die Gemeinschaft wechselseitigen Füreinander-Seins, so dass sie der Leib Christi sind, in dem sich Haupt und Glieder so zueinander verhalten wie *in Gott selbst* sein ICH-Sein und sein Für-Sein. So gehört der Heilige Geist wesenhaft zur Einheit von Jesus und Gott hinzu – und daher zur Einheit der Kirche mit Gott und Jesus.

Die trinitarische Einbindung des Geistes in die Einheit zwischen Gott und Jesus kommt am dichtesten im *Johannesevangelium* zum Ausdruck. Dort finden sich einerseits die dichtesten Aussagen über die Einheit Jesu mit Gott und Gottes mit Jesus: Was Jesus sagt, ist Gottes Wort – Gott aber redet ganz und gar nur im Reden Jesu – schon im Uranfang geschah alles Handeln Gottes in seinem Wort (Joh 1,1-4). Was Jesus tut, sind Gottes Werke – und Gott handelt ganz und gar nur in dem, was Jesus tut. Es ist Gottes eigene »Vollmacht«, in der Jesus redet und handelt – aber er sagt und redet nichts aus »Eigenem«, sondern in der Vollmacht, die Gott ihm gegeben hat. So lautet die dichteste Selbstaussage Jesu: »Ich und der Vater – *eins* sind wir« (Joh 10,30). Und das sagt er zu *Juden*, die ihn deswegen als Gotteslästerer steinigen wollen (10,31).

In den Abschiedsreden Jesu im Zusammenhang der Passionsgeschichte kündigt Jesus seinen Jüngern das Kommen des Geistes als »*einen anderen Anwalt* beziehungsweise Tröster« an (Joh 14,16), den ihnen der Vater nach seiner Auferstehung auf seine Bitte hin »senden« wird, wie der Vater ihn selbst gesandt hat. Der Geist ist also geradezu der Nachfolger Jesu als Anwalt seiner Jünger in ihrer Mitte. Weil es Jesu Worte sind, die der Geist in ihrer

»Erinnerung« wachhält (14,26), bewirkt der Geist nichts anderes als das Gegenwärtig-Bleiben Jesu in der nachösterlichen Kirche. Ja, zweimal folgt die Verheißung seiner eigenen Wiederkunft in der endzeitlichen Zukunft so unmittelbar auf die Ankündigung des Kommens des Geistes in der Gegenwart der Kirche (14,16f.18-21 und 16,13-15.16-22), dass der Leser den Eindruck gewinnen muss, dass beides nahezu zusammenfällt. Der Sinn ist: Wie im Wirken des Geistes das Zusammensein Jesu mit seinen Jüngern sich in der nachösterlichen Kirche vergegenwärtigt und fortsetzt, so wird im Wirken des Geistes zugleich das *zukünftige* Geschehen der endzeitlich-ewigen Vereinigung des auferstandenen Jesus mit seinen Jüngern *in der Gegenwart der Kirche* bereits im Voraus vergegenwärtigt. Und im Hohenpriesterlichen Abschiedsgebet Jesu in Joh 17 verkündet Jesus seinen Willen, dass die Kirche seiner Jünger mit ihm eines sein soll, wenn diese der Welt bezeugen, dass Jesus der Gesandte Gottes ist; und unmittelbar danach kündigt er ihnen an, dass sie in der zukünftigen Endvollendung so ganz mit ihm verbunden und eins sein werden, wie er in seiner »Verherrlichung« ganz mit dem Vater verbunden und eins sein wird (17,20-23). Man kann daraus schließen: Wie die Christen der Kirche in der Gegenwart durch den Geist an der Einheit von Vater und Sohn teilhaben, so wird sich diese Teilhabe darin vollenden, dass sie in der zukünftigen Heilsvollendung an der trinitarischen Einheit in Gott mitteilhaben werden.

4. Die Dreieinheit Gottes als Vollendung der Einheit des biblischen Gottes – das Angebot einer Vereinigung von Christen und Juden

Am Schluss möchte ich auf den Anfang zurückkommen und aufzeigen, dass es im Blick auf das dort genannte Problem des tiefgreifenden Gegensatzes zwischen dem radikal monotheistischen Glauben der Juden und dem trinitarischen Glauben der Christen eine überraschende Lösung gibt, die im christlich-jüdischen Dialog meines Erachtens von beiden Seiten aus noch nicht gesehen worden ist oder in ihrem Gewicht noch zu wenig eingeschätzt wird.

Entscheidend dafür ist der Ausgang von der dreifachen Offenbarung des Namens Gottes im Buch Exodus: dass sein absolutes *ICH-Sein* als des *einzig-einen* Gottes mit seinem ganzen *Für-Sein* für seine Erwählten des Volkes Israel *wesenhaft eines* ist; und dass sich dieses Für-Sein Gottes sogar durchhält, auch wenn die Seinen ihm die Treue brechen: Gott *ist* barmherzig und gnädig, auch über seinen Zorn gegen die Sünder hinaus, denn seine Liebe zu den Seinen ist absolut treu (2Mose 34,6).

Es ist schwerlich zu verkennen, dass dieses Wesen Gottes die ganze Geschichte zwischen dem einzig-einen Gott und seinem Volk bestimmt, die das Alte Testament erzählt. Aber es ist ebenso deutlich zu erkennen, dass nach christlichem Glauben die Geschichte Jesu zu dieser Geschichte Israels mit seinem einzig-einen Gott wesenhaft hinzugehört. Zwar sind der Tod Jesu »für unsere Sünden« und seine Auferweckung (1Kor 15,3f) ein *ganz neues* Heilsgeschehen, in dem Gottes Handeln weit hinausgeht über alles vorhergehende. Aber *wie* Gott hier Verlorenen Heil schafft, entspricht völlig dem in seinem Namen von 2Mose 34,6 offenbarten einzigartigen Wesen Gottes. Und dass Gott sein letztes Heilshandeln in der Geschichte *Jesu* vollzieht und Jesus darum *mehr* ist als Mose und alle Propheten, nämlich als Gottes Sohn ganz zu Gott gehört und mit Gott ganz eines ist, das hat seinen Grund in eben jener Wirklichkeit des Namens Gottes. Darum ist Jesus nicht so etwas wie ein zweiter Gott neben dem einzig-einen, sondern gerade als Gottes Sohn in allem Gott als seinem *einen* Vater gehorsam und *so* mit Gott eines.

Von daher richtet sich die christliche Heilsbotschaft *zuerst* an Israel: Um Israels endgültiges Heil handelt es sich. Dass es zugleich die Menschen aller Völker mitbetrifft, hat seinen Grund darin, dass in Tod und Auferstehung Jesu die heilschaffende Liebe Gottes die Grenze zwischen Israel und den ›Heiden‹ sprengt, und dass so *alle* Sünder der ganzen Welt, von der Vernichtungsmacht der Sünde befreit, zur Gemeinde der Erwählten Gottes gehören. Aber dieses Errettungsgeschehen nimmt in *Israels* Errettung seinen Anfang, weil es der *Gott Israels* ist, der sein Heilshandeln für sein zuerst erwähltes Volk im Exoduswunder begonnen hat und der dieses durch das Christusgeschehen auf alle Völker ausweitet. Deswegen ist das Alte Testament als das Zeugnis des Heilshandelns Gottes für Israel zur Heiligen Schrift der ganzen Kirche geworden, zu der das Neue Testament als das Zeugnis der *Erfüllung* dieser Geschichte Gottes mit Israel hinzugehört.

Wenn wir nun das oben über den Heiligen Geist Ausgeführte hinzunehmen, können wir sagen: *Der drei-eine Gott, an den Christen glauben, ist eben der einzig-eine Gott,* der Israel erwählt hat, wie denn auch der Neue Bund in Christus der wunderbar erneuerte Bund vom Sinai ist, dessen Bruch durch ein ganz neues Rettungshandeln Gottes geheilt worden ist und wie entsprechend auch die Tora als das schriftlich niedergelegte Dokument des Sinai-Bundes durch das Christusevangelium als das geistliche Zeugnis des Neuen Bundes des einen und selben Gottes ›aufgehoben‹ worden ist (2Kor 3,4-18), weil im Sühnetod Christi die Todeswirkung des Zornes Gottes gegen die Sünder aufgehoben worden ist (Gal 3,13).

Daraus resultiert, dass Christen nie aufhören dürfen, Juden einzuladen, dieses zuerst für Israel geschehene Heilswunder seines Gottes anzunehmen. Der Ausgang aller Ausführungen dieses Vortrags vom Wunder der Offenbarung des heiligen Namens Gottes im Buch Exodus soll dazu helfen, dass Juden zumindest *verstehen*, dass der alte Vorwurf gegen den christlichen Glauben an den drei-einen Gott als Blasphemie gegen den einzig-einen Gott ihres Bekenntnisses in 5Mose 6,4 unberechtigt ist. Es ist ein und derselbe Gott, an den Christen und Juden glauben; und es ist also der einzig-eine Gott Israels, dessen Heilshandeln in Jesus Christus Christen Juden zu verkündigen haben – nicht als Wahrheit der christlichen Kirche, sondern als die Wahrheit Gottes selbst.

Dass hier ein wesentlicher Unterschied besteht zwischen dem Dialog von Christen und Juden und dem von Christen und Muslimen, sei hier nur noch angemerkt. Der Anschein, als bestehe ein gemeinsamer Grundgegensatz zwischen dem Monotheismus von Judentum und Islam einerseits und dem trinitarischen Glauben des Christentums andererseits, ist falsch. Vielmehr besteht eine heilsgeschichtliche Nähe zwischen Christen und Juden, an der der Islam nicht teilhat. Der Dialog mit dem Islam ist in der Sache wesentlich schwieriger als der Dialog mit Israel, obwohl dieser wegen der unseligen Geschichte von Christen und Juden wesentlich schmerzlicher ist.

Literaturhinweis

U. Wilckens, Theologie des Neuen Testaments II/2 (2009), 340-348; *Ders.*, Gott der Drei-Eine. Zur Trinitätstheologie der johanneischen Schriften, in: *E. Düsing / W. Neuer / H.-D. Klein* (Hg.), Geist und Heiliger Geist. Philosophische und theologische Modelle von Paulus und Johannes bis Barth und Balthasar (2009), 23-41.

P.P.J. Beyerhaus (Hg.), Das Geheimnis der Dreieinigkeit im Zeugnis der Kirche. Trinitarisch anbeten – lehren – leben (2009).
J. Ratzinger, Einführung in das Christentum (^{4}2005), 150-177.

VI

Kirche und kirchliche Ämter

Wie aus einem Thema ökumenischen Streits eine Vision ökumenischer Zukunft werden kann.

1. Einleitung: Glaube und Kirche – protestantisch und katholisch

Viele Menschen wollen heute mit der »Institution Kirche« nichts zu tun haben. Um ›religiös‹ zu sein, bedürfe es keiner Organisation, die Steuern einzieht, die sich vom Staat nur dadurch unterscheidet, dass man aus ihr austreten kann, wenn man sich dieser Abzüge von seinem Konto entledigen will. Religion ist doch Sache des je eigenen Herzens! Sie muss darum frei gewählt und auch abgewählt werden können. Sie hat in der Öffentlichkeit als Privatsache zu gelten.

Dieses Urteil hat eine weit über 200-jährige Geschichte. Im 18. Jahrhundert war man es leid geworden, dass um der Religion willen generationenlang Kriege geführt, ganze Gegenden verwüstet und Menschen ihres Glaubens wegen vertrieben wurden. Diese unseligen Zeiten eines tödlichen Gegensatzes zwischen allem Katholischen und Protestantischen, der ganz Europa zerrissen hatte und nunmehr zum Dauerzustand geworden war – sie sollten endgültig vorüber sein. Wer sich zur gebildeten Oberschicht zählte, fühlte sich erhaben über Kirchen, die einander ausschließen. Man wollte sich nicht länger vorschreiben lassen, was man zu glauben habe. Lebendiger Glaube sei ohnehin nicht Sache festgeschriebener Kirchenlehre, sondern persönlich sich bekehrender Herzen – so die Pietisten. Nur eine vernünftig begründbare Religion könne alle Menschen über die konfessionellen Gräben hinweg überzeugen – so die Adepten der Aufklärung. Der gemeinsame Nenner war nunmehr: Wahres Christentum muss individuell geprägt, muss Sache persönlicher Wahl oder persönlicher Entscheidung sein – und so oder so jedenfalls unabhängig von kirchlich vorgegebener Norm.

Wer so dachte, fühlte sich als »Protestant« dem »Katholizismus« geistig überlegen. Denn dort war die Lehrhoheit der Kirche festgeschrieben. Dort konnte man ein Christ nur sein im Gehorsam gegen die Papstkirche. Und so entstand der alte konfessionelle Gegensatz in neuer Weise und erscheint bis heute als Grundunterschied: Entweder man ist Protestant und im Glauben frei oder katholisch und kirchlich gebunden. Die Kirche, der Protestanten sich zugehörig fühlen, ist unsichtbar – heißt es –, ein Reich des Geistes, in dem alle freien Geister zu Hause sind, keinesfalls eine sichtbare Organisation, die über ihre Mitglieder von oben her zu bestimmen hätte. Eben dies dagegen ist die Kirche der Katholiken, wie Protestanten sie sehen: eine hierarchische Weltkirche mit dem Papst an der Spitze, mit einem Bischof als dem Leiter alles kirchlichen Lebens in seiner Diözese und mit dem Pfarrer als dem seinem Bischof gehorsamen Leiter der einzelnen Kirchengemeinde. Hier gibt es ein klares hierarchisches Gegenüber von Klerus und Laien – im Protestantismus sind alle Gläubigen Priester, und so kann die Struktur einer protestantischen Kirche, wenn es denn eine solche gibt und sofern sie notwendig ist, nur ganz und gar ›demokratisch‹ geordnet sein.

Man pflegt diesen Unterschied auch an der Weise, wie Gottesdienst zu verstehen und zu praktizieren ist, festzumachen: Die katholische »Heilige Messe« ist eine sakramentale Handlung, die ein Priester am Altar vollzieht und an der die versammelte Gemeinde teilhat. Von daher ist der Priester auch der Leiter des ganzen Gemeindelebens. Der evangelische Gottesdienst dagegen hat die Predigt zu seinem Mittelpunkt – das Abendmahl ist zumeist nicht fester Bestandteil des Gottesdienstes und wird als »Sichtbarmachung des Wortes« der Predigt verstanden, das dem Einzelnen zugesprochen werde. Und so gilt denn weithin die Regel: Für Katholiken ist die Teilnahme an der sonntäglichen Messe Pflicht, für Protestanten steht es im freien Ermessen, wann sie, wie oft, ja ob überhaupt an einem Gottesdienst teilnehmen wollen; und das entscheidet sich oft daran, ob der Prediger einem gefällt.

Man kann es von daher verstehen, dass im ökumenischen Dialog zwischen den Kirchen heute die Kirche und das kirchliche Amt als das schwierigste Thema gilt, über das eine Einigung wohl kaum zu erwarten sei. Warum aber muss man sich darüber auch unbedingt einigen, heißt es: Solle doch lieber jede Konfession bei der Gestalt ihrer äußeren Ordnungen bleiben und die andere Kirche tolerieren, wie sie nun einmal ist! Geschwisterlichkeit unter evangelischen und katholischen *Christen* – ja! Vereinigung der beiden *Kirchen* – nein! Das jedoch ist ein ganz protestantisch gedachtes Urteil. Für Katholiken gehört die sichtbare Gestalt zum Wesen der Kirche, und daher ist für sie eine wirkliche ökumenische Einigung erst dann gegeben, wenn es eine gemeinsame Teilhabe am sakramentalen Geheimnis der Eucharistie gibt, und dazu bedarf es des priesterlichen Amts, das den Protestanten eben fehle.

2. Biblisch-theologische Grundlegung

Es lässt sich gewiss in Frage stellen, ob das so gezeichnete Bild protestantischer Kirche deren reformatorischem Wesen entspricht. Weil aber alles, was in der evangelischen Kirche gilt, entscheidend in der Heiligen Schrift zu begründen ist, tun wir gerade bei diesem Thema gut daran, zuerst und entscheidend nach dem biblischen Verständnis von Kirche zurückzufragen.

2.1 Kirche nach biblischem Verständnis

Auch hier muss man vom Alten Testament ausgehen. Denn das Wort »Kirche« (Ekklesia), wie es im Neuen Testament gebraucht wird, hat in der Sprache des Alten Testaments seinen Ursprung. Dort ist »Kirche« (qahal) die Vollversammlung des Gottesvolkes Israel. Wo Gott sein erwähltes Bundesvolk zusammenruft, da muss es sich um ihn sammeln (5Mose 7,6-8). Nicht nur am Anfang war das so, als Mose vom heiligen Berge Gottes herab Israel die Zehn Gebote auf den beiden Tafeln des Gesetzes überbrachte und das Volk diese Konstituierung des Bundes mit dem Bekenntnis zu seinem einen Gott und der Zusage seines Gehorsams beantwortete (5Mose 6,20-26). Immer wieder fanden solche Vollversammlungen statt im Zusammenhang der Geschichte Gottes mit Israel (Jos 24,1-28). Seit der Erbauung des Tempels in Jerusalem waren es die großen Jahresfeste, zu denen die Juden aus allen Teilen des Landes zum Zion-Berg nach Jerusalem pilgerten und die Kultfeiern gemeinsam begingen. *Das eine Bundesvolk gehört eben zu dem einen Bundesgott in seiner Mitte.* Die Versammlung dieser »Kirche« Gottes ist der Ort, an dem sich der Bund wieder und wieder aktualisiert. Und dass Gott auch sein bundbrüchiges Volk in der Treue seiner Erwählungsliebe in seinem Haus versammelt, um ihm zu vergeben, von der tödlichen Last seiner Jahressünden zu befreien und die Heilswirklichkeit seines Bundes zu erneuern (3Mose 16,29-34), das gehört zum Urgeheimnis seines Namens nach 2Mose 34,6[1].

Die Ekklesia des Neuen Testaments ist die erneuerte Fortsetzung dieser alttestamentlichen Bundesversammlung – nur dass es jetzt die Heilswirklichkeit des *Neuen* Bundes Gottes ist, die im Gottesdienst der Kirche im Namen Jesu Christi von der *erweiterten* Gemeinde erfahren wird, zu der nun auch die Glaubenden der nichtjüdischen Völker mit hinzugehören. Jetzt ist der Sühnetod und die Auferstehung Jesu Christi, des *Sohnes Gottes*, das Heilsgeschehen, zu dessen »Erinnerung« die Vollversammlung *der Christen* zusammenkommt. Wie im Kult des alttestamentlichen Tempels die dort Versammelten das ganze Volk Israel repräsentierten, so ist in jeder zum Gottesdienst versammelten christlichen Ortsgemeinde die eine Kirche Gottes insgesamt zugegen. Paulus schreibt seinen Brief »an die Kirche Gottes, die in Korinth ist« (1Kor 1,2). Das hat seinen Grund darin, dass Christus selbst in jeder Mahlfeier gegenwärtig ist, in der er zu den Christen in Korinth dieselben Worte über dem Brot und über dem Becher spricht wie »in der Nacht, da er verraten ward«, zu seinen Jüngern (1Kor 11,23-14). Deswegen heißt dieser Gottesdienst »das Mahl des Herrn« (1Kor 11,20) wie auch der Sonntag der Mahlfeier »der Tag des Herrn« (Offb 1,10).

Paulus versteht das Wesen der Gemeinde von diesem Mahlgeschehen her: Weil die Christen hier *»gemeinsam teilhaben«* am Blut und am für sie in den Tod hingegebenen Leib des Herrn (1Kor 10,16f), *sind* sie als geistliche Gemeinschaft *»der Leib Christi«* (1Kor 12,27). Das ist in sakramentaler Realistik gemeint: Die *Wirklichkeit dieser Teilhabe* aller am Heilsgeschehen des Kreuzestodes Christi »für unsere Sünden« (1Kor 15,3) und seiner Auferweckung durch die neuschöpferische Kraft des Geistes Gottes (Röm 8,11) vereint die Versammelten so wesenhaft mit ihrem Herrn, dass sie in ihrem ganzen von Gottes Geist durchwirkten Zusammenleben (1Kor 12,12-26) Glieder des einen Leibes Christi sind (1Kor 12,27; Eph 4,4.16). Und das gilt für die konkrete Ortsgemeinde ebenso wie für die Kirche als ganze, eben weil sich diese in jeder gottesdienstlich versammelten Ortsgemeinde als ganze darstellt.

1 Dazu vgl. S. 15-19.92f.

In gleicher Weise versteht Paulus die Zusammengehörigkeit aller Christen »in Christus« auch von der *Taufe* her (Apg 2,41), durch die jeder Christ Mitglied der Kirche als des Leibes Christi geworden ist (1Kor 12,13.27). Das ist in der gleichen sakramentalen Realistik gemeint wie im Blick auf das eucharistische Mahl. In der Taufe nämlich widerfährt dem Christen zuerst und grundlegend für sein ganzes Leben die Teilhabe am Kreuzestod und an der Auferweckung Christi, die sich danach in jeder Mahlfeier gleichsam aktualisiert. Im Römerbrief beschreibt Paulus dies so: »Alle, die wir (kraft des Namens Christi) auf Christus Jesus getauft worden sind, sind in seinen Tod hinein getauft worden. Sind wir also durch die Taufe mit ihm zusammen in den Tod hinein begraben worden, so sollen wir auch, wie Christus von den Toten auferweckt worden ist kraft der Herrlichkeit Gottes, in der neuen Lebenswirklichkeit unser Leben führen« (Röm 6,3-4). Es ist die gleiche Wirklichkeit der Teilhabe der ganzen Existenz des Christen am Auferstehungsleben Christi, von der dann jeder sonntägliche Gottesdienst bestimmt ist, nur dass der Beginn dieser Teilhabe in der Taufe ein einmaliges Geschehen ist.

Die sakramentale Kontinuität von Taufe und Herrenmahl ist Paulus ebenso selbstverständlich wie auch aktuell wichtig. Es ist derselbe Geist der lebenschaffenden Kraft Gottes, der sowohl als die Gabe der Taufe eine ganz neue Lebensqualität in der Lebensführung des einzelnen Christen bewirkt (1Kor 6,14-20) als auch zugleich aus der zentralen Erfahrung des Herrenmahles zu einem lebendigen Zusammenwirken der verschiedenen »Charismen« in der Gemeinde bewegt (1Kor 12,12-27). Das ›Prinzip‹ des Geistes ist die Liebe Christi, in der er sein eigenes Leben für uns alle hingegeben hat und die nun auch das Verhalten zueinander bestimmt. Jeder ist für jeden »ein Bruder, für den Christus gestorben ist« (1Kor 8,11). Der Reichtum der verschiedenen Gaben des Geistes soll dem Gesamtleben der Kirche so zugute kommen, dass jeder Dienst gleich wichtig und gleich anerkannt ist.

Darin soll sich der Geist, der in der Kirche herrscht, von dem aller Herrschaftsverhältnisse in der Welt unterscheiden. Schon Jesus hat dies für seine Jünger zur Regel gemacht: »Die Könige der Völker beherrschen sie und die, die ihre Macht über sie ausnutzen, lassen sich Wohltäter nennen. Ihr jedoch nicht so! Sondern wer unter euch der Größere sein will, der sei es als der Jüngere und der Vorgesetzte als der Diener«. Und dies verdeutlicht er ihnen an seinem eigenen Verhalten zu ihnen beim Mahl: »Wer ist größer: der zu Tisch liegt oder der bedient? Doch der zu Tisch liegt! Ich aber bin in eurer Mitte als der, der euch bedient!« (Lk 22,25-27). Deswegen kann es in der Kirche keinerlei Herrschaft der einen über die anderen geben. Denn nur und ganz allein Christus ist der Herr, dem alle zu dienen haben, er aber herrscht durch Liebe. Der großartige Hymnus, der die Erhöhung Christi als die end-gültige Bekräftigung des Gehorsams in seiner Erniedrigung durch die Verleihung des ureigenen Gottesnamens besingt (Phil 2,6-11), hat für die Kirche auch die Bedeutung als das Vor-Bild ihres eigenen Weges in der Nachfolge ihres Herrn (Phil 2,5).

Von daher ist zu begreifen, dass nach neutestamentlichem Verständnis die Kirche als *geistliche* Gemeinschaft *nicht nur unsichtbar, sondern zugleich wesenhaft auch sichtbar* ist. Weil die Liebe Christi ihr Prinzip ist, zielt der Geist als deren Kraft auf Verwirklichung im leibhaftigen Leben der Kirche. Wie der Sohn Gottes Mensch geworden ist, so dringt der Geist Gottes ganz darauf, dass die Christen in der Kirche Menschen werden nach dem Bilde Christi (Röm 8,29).

Die Kirche lebt daher in der Welt als eine ganz besondere Gemeinschaft in radikaler Alternative zur Welt. In der Welt regiert egoistisches »Begehren«. Von dessen Herrschaft über ihr Leben und ihre Gesinnung sind Christen durch die Christusteilhabe frei geworden. Fortan heißt es: »Liebt nicht die Welt, und was in der Welt (Geltung hat)« ..., »nämlich die Begierde des Fleisches und der Augen und das Prahlen mit dem Vermögen« (1Joh 2,15-16; vgl. Jak 4,4). »Macht nicht mit bei der Verhaltensweise dieser Weltzeit!« (Röm 12,2). Der Geist Gottes, den wir in der Taufe empfangen haben, hat mit dem Geist der Welt nichts zu tun (1Kor 2,12; Gal 5,17). Aber gerade so zielt der Wille des Geistes Gottes darauf, dass im christlichen Leben und im kirchlichen Zusammenleben die Liebe Christi *konkret wirksam* wird. In diesem Sinn ist die Kirche in ihrer sozialen Wirklichkeit »heilig«, wie Gott heilig ist; und alle Mitglieder der Kirche sind »Heilige« und sollen es sein (Eph 2,19; 5,3).

2.2 Die kirchlichen Ämter nach dem Neuen Testament

Die Kirche gewinnt also sehr wohl sichtbare Gestalt inmitten der Welt. Ihre geistlich-charismatische Struktur hat sehr wohl ihre eigene Ordnung. Dazu gehört auch durchaus eine ›Hierarchie‹ besonderer Art: Unter der Fülle verschiedener Gaben des Geistes gibt es besondere Geistesgaben, die für das Leben der Kirche von grundlegender Bedeutung sind. Der erste Rang kommt den *Aposteln* zu (1Kor 12,28); denn durch ihre Verkündigung des Evangeliums ist das Fundament des Bauwerks Gottes gelegt, auf dem bleibend alles aufruht, was in einer Gemeinde geschieht (1Kor 3,10). Dazu hat jeder Apostel eine besondere Berufung durch den auferstandenen Herrn selbst erfahren (1Kor 15,5-11). Paulus bleibt als berufener Apostel für die von ihm gegründeten Gemeinden ihr »Vater« (1Kor 5.15). In einzigartiger Autorität wacht er darüber, dass ihr ganzes Leben dem Evangelium entspricht. In allem, was er ihnen ermutigend oder tadelnd zu sagen hat, spricht Christus selbst zu ihnen (2Kor 13,3f). Auch in der Entfernung bleibt er ihnen in Fürdank und Fürbitte ständig verbunden (Phil 1,3-11). Die Briefe, die er ihnen schreibt, werden in ihrer gottesdienstlichen Versammlung verlesen und sollen so gehört und beherzigt werden, als stünde er selbst in ihrer Mitte und redete zu ihnen. Deswegen werden diese Apostelbriefe in den Gemeinden aufbewahrt und untereinander ausgetauscht (Kol 4,16). So bleibt seine Stimme auch nach seinem Tod in seinen Briefen unter ihnen gegenwärtig.

Nach den Aposteln, die Gott in der Kirche eingesetzt hat, kommt den *Propheten* und den *Lehrern* der zweite und dritte Rang geistlicher Autorität zu (1Kor 12,28). Bei den einen handelt es sich wahrscheinlich um Prediger, die von Gemeinde zu Gemeinde zogen, bei den anderen um ortsfeste Ämter, die Taufbewerber in den Glauben einzuführen und wohl auch so etwas wie Fortbildung in den Gemeinden zu leiten hatten. Weil es in beiden Ämtern um Verkündigung geht, unterscheiden sich diese zusammen mit den Aposteln in ihrer Bedeutung für die Kirche von allen anderen Geistgaben der verschiedensten Art (1Kor 12,28-30, vgl. V. 4-11).

Wichtig ist: Alle Christen sind ›Geistliche‹, die in diakonischen und Verwaltungsämtern tätigen nicht weniger als die Apostel, Propheten und Lehrer (1Kor 7,40). Und sie alle sind Glieder am Leib Christi, unter denen es keinerlei geistliche Qualitätsunterschiede geben kann und darum auch keine Macht- oder Ehrenansprüche persönlicher Art der einen über andere geben darf. Nirgendwo steht im Neuen Testament, dass ein Apostel das Haupt des Leibes sei – das ist allein Christus, und er ist es über die gesamte Kirche (Kol 1,18). Weil jedoch Christus durch die Apostel redet und handelt, sind diese »Knechte Christi Jesu« (Röm 1,1) – womit ein alttestamentlicher Ehrentitel (Jes 42,1) auf den Aposteldienst übertragen wird. Als »Knechte Christi« haben die Apostel ihre einzigartige Autorität, nicht aufgrund irgendwelcher persönlicher Vorzüge (2Kor 3,5), auch nicht wegen hervorragender geistlicher Begabung, sondern allein deswegen, weil Gott sie als »Diener des Neuen Bundes« (2Kor 3,6) berufen und gesandt hat, um durch die Verkündigung des Evangeliums Gemeinden zu gründen und damit den Glauben an den gekreuzigten und auferstandenen Christus zum bleibenden Fundament des ganzen Lebens der Kirche zu machen (1Kor 3,10f; 15,1-11).

So kommt dem Amt der Apostel in der Vielfalt urchristlicher Dienste und Ämter von Anfang an zentrale Bedeutung zu. Das gewann hohe Aktualität in der Zeit, als es keine Apostel mehr gab. Sie einfach durch andere Personen zu ersetzen, die das Apostelamt fortzuführen hätten, war deswegen unmöglich, weil die Apostel – anders als alle anderen Dienstämter, die sich im Leben der Gemeinden herausgebildet hatten – durch den auferstandenen Herrn berufen worden sind und durch ihn selbst ihre Sendungsvollmacht erhalten haben (1Kor 15,1-11). Ihr Dienst des Anfangs jedoch muss in seiner grund-legenden Bedeutung im Leben der Kirche weiterhin lebendig-wirksam bleiben. Dazu bedarf es Ämter, die in apostolischer Autorität eben dafür Sorge tragen.

In den neutestamentlichen Schriften der nachapostolischen Zeit zeichnet sich deutlich ab, wie einerseits die Notwendigkeit bleibender Präsenz apostolischer Verkündigung in der Kirche überall erkannt worden ist. Andererseits hat sich der Prozess der Entstehung apostolischer Nachfolgeämter in den verschiedenen Kirchengebieten je nach den örtlichen Gegebenheiten verschieden vollzogen, und zwar offenbar ohne dass es dabei zu Auseinandersetzungen innerhalb der Gemeinden gekommen ist.

Dabei haben im Bereich der paulinischen Gemeinden die Mitarbeiter des Apostels eine wichtige Rolle gespielt. Zu seinen Lebzeiten hatte Paulus eine große Zahl von Männern und Frauen um sich, die er zur Mitwirkung in seiner Verkündigungs- und Aufbauarbeit ausgebildet und eingesetzt hat. In Röm 16 nennt er viele von ihnen namentlich. Die besonders Bewährten – vor allem Timotheus und Titus – hat er dann in seiner Abwesenheit als seine Stellvertreter in seine Gemeinden entsandt, sei es, um sie in ihren Gottesdiensten an seiner Statt im Glauben zu bestärken und so »dem Evangelium zu dienen« (Phil 2,22), sei es auch, um in kritischen Streitsituationen die Sache des Apostels zu vertreten und zum Frieden zu wirken (2Kor 7,5-16). Diese »Mitarbeiter«, die sich zur Lebzeit des Paulus in apostolischer Tätigkeit bewährt und in den Gemeinden Anerkennung und hohe Achtung gefunden hatten, traten dann nach dem Tod des Apostels natürlicherweise zunächst weiterhin an seine Stelle. In den Briefen an Timotheus und Titus hat sich niedergeschlagen, wie diese beiden in den Gemeinden in Kleinasien und auf Kreta unter den dort jeweils führenden »Ältesten« (Presbyter) einen zum Bischof ordiniert haben, der das Gemeindeleben auf Dauer mit apostolischer Autorität leiten sollte. In der Apostelgeschichte findet sich ein ausführlicher Bericht über die Einsetzung bisheriger »Ältester« (›Presbyter‹) zu Bischöfen. Als deren Hauptaufgabe wird hervorgehoben, die Lehre des Apostels zu verteidigen in Auseinandersetzung mit Gegnern, die diese verfälschen (Apg 20,17-38).

In anderen Bereichen mag die Entwicklung anders verlaufen sein. Im Neuen Testament ist darüber nahezu nichts zu erfahren. Im 1. Petrusbrief werden immerhin – wie in Apg 20 – »Presbyter« als »Hirten der Herde Gottes« genannt (5,1-4), die in ihrem Leitungswirken das Vorbild des »Erzhirten« Christus vor Augen haben sollen, dem sie als ihrem künftigen Richter Rechenschaft zu geben haben werden. Weder um finanziellen Gewinn für sich selbst darf es ihnen gehen, noch sollen sie an Herrschsucht Gefallen finden – in dieser Mahnung zeigen sich die Gefahren, die Presbytern im bischöflichen Leitungsamt entstehen können und wohl auch tatsächlich nicht selten entstanden sind. In einer Schrift aus dem Ende des 1. Jahrhunderts ist – ähnlich wie im 1. Timotheusbrief – von der Einsetzung von »Bischöfen und Diakonen« (1Klem 42,4f, 44,1-4) die Rede. Und etwas später spricht der Bischof Ignatius von Antiochia (Syrien) von der zentralen Leitungsautorität des Bischofs einer christlichen Gemeinde, der diese vor allem vor Irrlehren zu schützen hat. Hier ist zum ersten Mal eindeutig und mit großem Gewicht vom Amt eines einzelnen bischöflichen Gemeindeleiters die Rede, umgeben von Presbytern und Diakonen. Dies ist dann im Laufe des 2. Jahrhunderts allgemeine Ordnung geworden. Alle sieben Gemeinden, an die Ignatius seine Briefe schreibt, haben bereits durchweg einen Bischof als Gemeindeleiter. Und diese stehen miteinander in regelmäßigem Kontakt – in dem Bewusstsein, dass alle Ortsgemeinden zu der einen »katholischen Kirche« gehören (Smyrnäer 8,2). Für deren Einheit im Glauben und im eucharistischen Gottesdienst hat der Bischof die zentrale Verantwortung.

Das Letztere ist von besonderer Wichtigkeit. Denn das Charakteristische des Amts der Apostel war ja, dass sie alle von ihnen gegründeten Gemeinden zusammen zu leiten und so zugleich ihrer ›Familien‹gemeinschaft in der *einen* Kirche zu dienen hatten. Wenn nun in nachapostolischer Zeit das Amt des Ortsbischofs als Inhabers bleibender apostolischer Autorität in der Kirche geschaffen worden ist, so war dies freilich nur ein Teil der Aufgabe der Apostel. Der andere Teil, die lebendige Repräsentanz der einen Gesamtkirche in ihrer Person an Christi Statt, bedurfte ebenfalls einer organisierten Gestalt: Das war in der Kirche des 2. und 3. Jahrhunderts der Sinn der *Bischofssynoden*, die nicht nur den aktuell nötigen gemeinsamen Beratungen und Beschlüssen in Fragen der Abwehr von Irrlehren und der Regelung übereinstimmender Ordnungen kirchlicher Praxis dienten, sondern darin zugleich das Vorbild der kollegialen Gemeinschaft der Apostel miteinander zum Wohl der Ekklesia Gottes vor Augen hatten und diese fortführten. Die erste derartige Zusammenkunft in Jerusalem, in der die »Gemeinschaft« der juden- und heidenchristlichen Gemeinden beschlossen worden ist (Gal 2,1-10; Apg 15), wurde zur exemplarischen Urgestalt gesamtkirchlicher Bischofssynoden.

Aber wie in der Anfangszeit der Jerusalemer Urgemeinde Petrus im Kreise der Zwölf die führende aktive Rolle zugekommen ist (1Kor 15,5), so ist diese Bedeutung des Petrus später in der Gestaltung der beiden Berichte über seine vorösterliche Berufung durch Jesus und seine Erstberufung durch den Auferstandenen stark herausgestellt worden: Nach Mt 16,18 gibt Jesus Simon den Beinamen »Petrus« als des »Felsens, auf dem ich meine Kirche erbauen werde«. Nach Joh 21,15-17 setzt der auferstandene Herr »Simon Petrus« in dreimaliger Wiederholung zum Hirten seiner Herde an seiner Statt (vgl. Joh 10,11-16) und somit als seinen Nachfolger im Kreis der Jünger ein. An beiden Stellen leidet es keinen Zweifel, dass das Amt der Leitung der nachösterlichen *Gesamtkirche* gemeint ist. Wenn diese beiden Aussprüche in der

Kuppel der Peterskirche in Rom nebeneinander im vollen Wortlaut zu lesen sind, so ist zwar der Bezug auf den Papst als Bischof von Rom später hinzugewachsen, die Bedeutung des Petrus als des von Christus selbst berufenen und bevollmächtigten Leiters der Gesamtkirche an Christi Statt ist jedoch der tatsächliche Sinn dieser beiden Worte. In Joh 21,18f sagt Jesus Petrus zugleich das Martyrium des Kreuzestodes in seiner Nachfolge voraus. Schon am Ende des 1. Jahrhunderts ist das gemeinsame Martyrium des Petrus und des Paulus unter dem Kaiser Nero im Jahre 64 n.Chr. zu einer fundamentalen Tradition geworden. Diese beiden Hauptapostel der Zeit des Anfangs der Entstehung der Kirche im Gesamtbereich der Ökumene sind mit historischem und theologischem Recht zum Apostelpaar als dem Symbol der una catholica et apostolica ecclesia geworden, wie diese noch heute in allen Kirchen im Nizänischen Credo bekannt wird.

2.3 Die Übertragung apostolischer Vollmacht in nachapostolischer Zeit

Dass nach dem Neuen Testament das Verständnis der Kirche eng mit der Bedeutung der Ämter, vor allem des Apostelamts, zusammenhängt, geht aus der voranstehenden Darlegung deutlich hervor. Die entscheidende Klammer ist das Evangelium: Kirche entsteht durch die grundlegende Heilsverkündigung des Todes und der Auferstehung Jesu Christi, und sie lebt aus der wirksamen Gegenwart Christi als »des Herrn« im Gottesdienst. Weil dieses Heilsgeschehen Gottes Tat ist, darum bedarf es zu seiner Verkündigung einer besonderen Berufung und Bevollmächtigung durch Gott und Christus selbst. Und weil diese Verkündigung das gesamte christliche Leben bestimmt, verbindet sich die Vollmacht der *Prediger* des Evangeliums wesenhaft mit der geistlichen Vollmacht der *Gemeindeleitung*.

Gewiss ist die Vollmacht der Apostel der Anfangszeit der Kirche einzigartig und daher mit ihrer Person und ihrem Namen verbunden. Die Reihe der Berufungen durch den auferstandenen Herrn in seiner »Erscheinung« (1Kor 15,5-8) ist mit der des Paulus abgeschlossen (1Kor 15,8) und somit nicht über die apostolische Zeit hinaus einfach fortzusetzen. Aber auch weiterhin bedarf alle Verkündigung und Lehre einer besonderen persönlichen Berufung, damit die apostolische Autorität der Anfangszeit darin wirksam bleibt. Der Glaube muss sich allezeit mit Gewissheit auf das Evangelium gründen und stützen können, das die Apostel verkündigt und gelehrt haben. Nur so bleibt in dem von *Menschen* verkündigten Evangelium das Heilsgeschehen *Gottes in Christus* gegenwärtig, über das Menschen nicht von sich aus verfügen können. Dazu bedarf es nicht nur der Bewahrung der Schriften der apostolischen Anfangszeit, an denen als »Kanon« der Glaube der Kirche allezeit gemessen und überprüft werden kann, sondern zugleich eines lebendigen Umgangs mit dem darin bezeugten Gotteshandeln im Leben der Kirche. Beides wird vermittelt und überwacht durch die Träger apostolischer Autorität.

Der Übergang vom Wirken der Apostel des Anfangs zum Weiterwirken ihrer Vollmacht in der nachapostolischen Kirche ist darum ein wichtiges Thema im Neuen Testament selbst und nicht erst der späteren Kirche. Den sogenannten Pastoralbriefen (1/2 Tim; Tit) kommt so eine wichtige Bedeutung zu. Hier wird exemplarisch sichtbar, wie aus dem Gremium der gemeindeleitenden »Ältesten« jeweils ein Bewährter und allgemein Anerkannter *zum Bischof ordiniert* wird, das heißt: Durch Handauflegung wird diesem der Geist übermittelt, dessen Kraft ihn zur Predigt und Lehre und somit zur Leitung in apostolischer Autorität befähigt (1Tim 4,14; 2Tim 1,6). Auch durch prophetischen Zuspruch wird er zur Übernahme des Amtes belehrt und ermutigt (1Tim 1,18; 4,14). Für die Ordinationen in allen christlichen Kirchen ist dies das biblische Vorbild.

Das bischöfliche Leitungsamt ist *ein Dienst*, der durchweg nur *in Liebe* und keineswegs in persönlicher Herrschsucht auszuüben ist. Schon Paulus sagt: Zum Glauben gelangt man nur durch Überzeugung der Gewissen (2Kor 5,11); und über den Glauben kann und darf auch ein Apostel nicht herrschen (2Kor 1,24). Lehrern jedoch, die den Glauben verfälschen, muss der Apostel entschieden die Stirn bieten und sie mit allen Mitteln des Geistes bekämpfen (2Kor 10,4-5; vgl. 1Tim 1,20; Tit 1,9). Im 2. Jahrhundert ist die Einheit des Glaubens durch die Willkür »gnostischer« Lehrer und ihrer Adepten derart zerstört worden, dass es immer neuer Kämpfe bedurfte, um den Widerspruch dieser neuen Lehren zu der fundamentalen Wahrheit der von den Aposteln überlieferten Lehre aufzuzeigen und den Hochmut dieser Intellektuellen über die ›Einfalt der bloßen Kirchenchristen‹ zu entlarven, mit dem sie viele ihrer Hörer durch ganze Systeme tiefsinniger mythischer Bilder religiös zu faszinieren wussten. Um nichts weniger ging es in diesen Kämpfen als um die Begründung und Befestigung *der Identität der Kirche,* die nun bewusst mit der apostolischen Tradition ihres Glaubens und mit der Autorität ihrer Bischöfe und der von diesen anerkannten Lehrer fest verbunden worden ist.

Niemals konnte es freilich mit diesen formalen Kriterien allein sein Bewenden haben. Vielmehr war es der lebendige *Geist Gottes selbst,* durch den die wirkliche Übereinstimmung der in ihrer Gültigkeit verteidigten Kirchenlehre mit dem Evangelium Gottes, wie es von den Aposteln überliefert war, überzeugend erwiesen wurde. Am Wirken des Geistes hat es zu allen Zeiten der Kirche bis in unsere Gegenwart entscheidend gelegen, dass sich die Wahrheit der apostolischen Tradition inhaltlich selbst zu erkennen gibt und sich im Bewusstsein der ganzen Kirche immer wieder neu durchsetzt.

So wirken Sichtbarkeit und Unsichtbarkeit der Kirche wesenhaft ineinander. Ohne freies Vertrauen aller auf den Geist Gottes wird aus der Festigkeit gemeinsam-verbindlicher Ordnung der Kirche und ihrer Ämter allzu leicht Starrheit und Unbeweglichkeit. Ohne feste und klare Ordnungsstruktur hingegen verliert das Wehen des Geistes in der Kirche allzu leicht seine Eindeutigkeit für alle und wird zu einem Wirrsal einander widersprechender Einzelstimmen.

3. Das Verständnis von Kirche und Amt auf dem ökumenischen Wege zu einer künftigen Weltkirche in sichtbarer Einheit

Im Nizänischen Glaubensbekenntnis, das alle christlichen Kirchen als gottesdienstliche Zusammenfassung des christlichen Glaubens anerkennen und gebrauchen, wird das Wesen der Kirche unter vier Aspekten dargestellt: »Sie ist *die eine, heilige, katholische (allgemeine) und apostolische Kirche«.*

Unter diesen Aspekten soll im Folgenden das Kirchenverständnis der beiden großen Konfessionskirchen dargestellt und die Probleme, aber auch die Chancen ihrer ökumenischen Annäherung in der Gegenwart sowie ihrer Einung in der Zukunft bedacht werden.

3.1 Die Einheit und Katholizität der Kirche

Der Glaube, dass die Kirche des einen Gottes, des einen Herrn Jesus Christus und des einen Heiligen Geistes wesenhaft *eine* Kirche ist, ist allen Kirchen gemeinsam. Unterschiedlich ist, wie sie jeweils diese Einheit verstehen. Die Antworten reichen von dem Extrem der vielerlei Gruppen freier Gemeinden im ›linken‹ (›independenten‹) Spektrum des Protestantismus, für die die Einheit aller Christen als Inhalt des Glaubens ganz und gar unsichtbar ist und sichtbar nur in den Gläubigen, deren Gemeinschaft aber keiner organisatorischen Einheit bedarf, bis zum anderen Extrem der römisch-katholischen Kirche, nach deren Lehre die Kirche einerseits als Leib Christi eine geistliche Gemeinschaft ist, die nur ›mit den Augen des Glaubens‹ zu sehen ist (Katechismus Nr. 770), andererseits aber als solche zugleich »die mit hierarchischen Organen ausgestattete … sichtbare Versammlung«, die auf Erden »verwirklicht ist (subsistit) in der katholischen Kirche, die vom Nachfolger des Petrus und von den Bischöfen in Gemeinschaft mit ihm geleitet wird« (Über die Kirche Nr. 8). Zwischen diesen Extremen befinden sich die aus der Reformation hervorgegangenen Kirchen: Nach ihrer Lehre besteht »die wahre Einheit der christlichen Kirche« in der gottesdienstlichen Versammlung, in der »das Evangelium rein gepredigt und die heiligen Sakramente dem Evangelium entsprechend gereicht werden«, nicht notwendigerweise jedoch in den von Menschen geschaffenen Ordnungen des Gottesdienstes und des kirchlichen Lebens (Augsburger Bekenntnis Art. 7). Zur Sichtbarkeit der Kirche aber gehört das Predigtamt (Art. 5), das einer ordnungsgemäßen Berufung – gemeint ist: der Ordination – bedarf (Art. 14), damit Verkündigung und Sakramente im Gottesdienst schriftgemäß geschehen. Entsprechend lehrt auch Calvin, der den schönen Satz prägt, »Wer Gott zum Vater hat, der muss auch die Kirche zur Mutter haben« (Unterricht IV, 1.2).

Es besteht heute eine weitreichende Übereinstimmung, dass es eine wesentliche Aufgabe der Kirche ist, ihre Einheit zu bewahren, und schwere Schuld, wenn diese Einheit zerbricht. Dabei unterscheidet man zwischen einer Trennung zwischen Kirchen (›Schisma‹) und einem Zerbrechen ihrer Einheit aufgrund von Irrlehre (Häresie). *Trennungen* – wie seit 1054 die zwischen den orthodoxen Kirchen des Ostens und der römisch-katholischen des Westens – müssen, soweit irgend möglich, geheilt werden. Denn es widerspricht der wesenhaften Einheit, wenn Kirchen, die einander als Kirchen anerkennen, gleichwohl getrennt nebeneinander her leben. Wie immer die Trennungsgründe auf der einen wie auf der andern Seite als schwerwiegend gewertet werden, so sind doch heute intensive Bemühungen im Gange, Differenzen in der Lehre durch Dialog zu überwinden und Gegensätze in der Ordnung – wie vor allem im Blick auf den Primatsanspruch des Bischofs von Rom als des Oberhaupts der Gesamtkirche – durch Rückgang auf die Verhältnisse während des 1. Jahrtausends der Kirchengeschichte so zu entschärfen, dass auf diesem Grunde eine Regelung gefunden werden kann, die heute für beide Seiten tragbar erscheint. Darauf soll später näher eingegangen werden[2].

Der gegenseitige *Häresievorwurf* zwischen Rom und der Reformation im 16. Jahrhundert dagegen wiegt ungleich schwerer, zumal er in wichtigen Teilen auch von den orthodoxen Kirchen gegen die protestantischen erhoben wird. Die Führer der Reformationsbewegung beschuldigten ihrerseits den Papst, das für das richtige Verständnis des Evangeliums in der Heiligen Schrift zentrale Thema der Rechtfertigung des Sünders allein durch Christus, nicht durch eigenes Tun des Menschen – und allein durch Gottes Gnade und Liebe, nicht durch das Gesetz, nicht nur falsch zu lehren, sondern sogar mit kirchlichen Machtmitteln zu bekämpfen. Das war für die Reformatoren geradezu Abfall von Christus, sodass sie sich berechtigt und genötigt sahen, dem Papst und den Bischöfen den Gehorsam aufzukündigen und in der kirchlichen Lebensordnung neue Wege zu gehen. Ja, Luther hat den Papst öffentlich als den im Neuen Testament angekündigten »Gegenchristus« verurteilt. Eben all dies war umgekehrt für das Konzil der römischen Kirche in Trient der Grund, Luther und alle Reformatoren als Häretiker zu verurteilen und alle aus der Gemeinschaft der Kirche auszuschließen, die ihnen anhingen. Daraus ist alsbald jene unselige konfessionelle Feindschaft entstanden, die von beiden Seiten aus nicht mehr zu überwinden war. Von Rom aus gesehen waren die aus der Reformation hervorgegangenen Kirchen in ganz Europa keine Kirchen, sondern Häresien. Die reformatorischen Theologen wiederum hielten ihrerseits am Häresievorwurf gegen die ganze römisch-katholische ›Papstkirche‹ auf Dauer fest. Mehrere Vermittlungsversuche scheiterten.

2 Siehe S. 135-138.

Schließlich begannen im 17. und 18. Jahrhundert die geistigen Führer der öffentlichen Meinung eine Ebene zu finden, auf der die kirchlich miteinander Verfeindeten im kulturellen und politischen Bereich gemeinsam leben konnten. Und weil nahezu die gesamten Inhalte der Lehrtradition beider Konfessionen ausschieden, da sie alle durch den wechselseitigen Häresievorwurf betroffen waren, blieb als Grundlage einer neuen Lebenswelt die »reine Vernunft« übrig, mit der eine ethische Fundierung zu begründen war, der jedermann als für alle Menschen verbindlich sollte zustimmen können. So ist im 18. und 19. Jahrhundert die breite Bewegung der »Aufklärung« entstanden mit der Tendenz, die Religion in diesen neuen Geist irgendwie einzubinden oder sie überhaupt aus dem öffentlichen Diskurs weitmöglichst auszuscheiden und sie zur Privatsache zu erklären.

Man pflegt sich bis heute über die Tragweite dieser Entwicklung nicht hinreichend im Klaren zu sein: Es handelt sich um nichts anderes als um einen nochmaligen Prozess der Kirchenspaltung – nun aber mit ›laizistischer‹ Emotion gegen alle Kirchen! Man kann also durchaus sagen: Beide Konfessionskirchen haben die Entstehung dieser ihnen entgegenwirkenden Bewegung selbst zu verantworten: als Folgewirkung ihrer nicht überwundenen, ja ständig neu sich aktualisierenden Kirchenspaltung. Diese hat nicht nur die *Einheit der Kirche* gründlich zerstört, sondern in ihrer Folgewirkung auch die *Einheit der ganzen Lebenswelt.*

Zur Emanzipation von allen Strukturen kirchlicher und politischer Herrschaft gehörte von Anfang an eine *Individualisierung des Bewusstseins.* Zwar verband sich mit diesem immer das Ziel einer Gemeinschaft freier Menschen. Doch tatsächlich zeigte sich alsbald, dass diese als ideales Ziel von allen Menschen wohl akzeptiert wurde, dessen Verwirklichung aber umso problematischer wurde, als der fortschreitende Individualismus von den Gemeinschaftspflichten schließlich nur noch die zu allseitiger Toleranz übrig ließ. In diesem Zusammenhang trat der konfessionelle Gegensatz in eine neue Phase: Der liberale Protestantismus verbündete sich mit dieser allgemeinen liberalen Bewegung, die katholische Kirche grenzte sich gegen den »Modernismus« ab und bekämpfte ihn bis weit in das 20. Jahrhundert hinein. So erschien es als katholisch, seinen kirchlich fest eingebundenen Glauben gegen die moderne Welt zu bewahren, und dagegen als protestantisch, in seiner individuellen Frömmigkeit von allem ›Zwang‹ kirchlicher Bevormundung frei zu sein und sich am Aufbau einer liberalen Gesellschaft aktiv zu beteiligen. Das Bild Luthers wurde so zum idealen Vorbild eines mutigen Freiheitskämpfers und im Gegensatz dazu das Bild des Papstes zum Zerrbild eines Sklavenhalters. Die Dogmatisierung der Unfehlbarkeit der Entscheide des Papstes über den katholischen Glauben und die katholische Lebensführung durch das I. Vatikanische Konzil im Jahr 1870, dem eine äußerst strenge »antimodernistische« Überwachung katholischer Theologie folgte, trug erheblich zur Verfestigung dieses neuen katholisch-protestantischen Gegensatzes bei, der sich von dem der Reformationszeit durchaus unterscheidet. Die Feiern des Lutherjubiläums 1917 zeigen das besonders deutlich. Nie war der Riss zwischen den Kirchen so tief wie zu jener Zeit.

Umso erstaunlicher ist es, dass kurz danach die *ökumenische Bewegung* einsetzte, die von Anfang an auf eine sichtbare Einheit der Kirche zielte. Nach dem 2. Weltkrieg wurde sie weltweit so stark, wie es zuvor keine Einigungsversuche gewesen sind. Die katholische Kirche erklärte auf dem II. Vatikanischen Konzil die intensive Bemühung um Einigung mit den nichtkatholischen Kirchen als im Wesen der Kirche begründet. Zwar hat sie ihren exklusiven Anspruch, die eine katholische Kirche zu sein, nicht aufgegeben; aber sie vertritt ihn nun in dem Sinn, dass in ihr die ganze Fülle dessen verwirklicht ist, was zum Wesen der Kirche gehört, dass jedoch auch in anderen Kirchen und Gemeinschaften viele »innere Gaben des Heiligen Geistes und sichtbare Elemente« des Lebens der Kirche, »das von Christus ausgeht und zu ihm hinführt«, vorhanden sind (Ökumenismus 3). Das muss die Leitung in Rom sowie die Bischöfe der ganzen Welt dazu bewegen, sich den getrennten Schwestern und Brüdern in Liebe und Wahrheitssuche zuzuwenden, ihre Taufe anzuerkennen und alles, worin sie in Glaube und Leben übereinstimmen, als gemeinsames Gut ernst zu nehmen, in offiziellen theologischen Dialogen die zum Teil tiefen Gegensätze zu überwinden zu suchen und miteinander den drei-einen Gott um seine Hilfe zu bitten, Einigung zu erreichen. Die Öffnung geht so weit, dass die Synode feierlich »Gott und die getrennten Brüder … in Demut um Verzeihung bittet, wie auch wir unseren Schuldigern vergeben« (Ökumenismus 7). Alle diese Aussagen sind so noch niemals zuvor namens der römisch-katholischen Kirche ausgesprochen worden.

Auch die vorliegenden Dialoge sind, was den beidseitigen Willen betrifft, den je anderen Partner ernst zu nehmen, in der bisherigen Geschichte ohne Beispiel und die Ergebnisse höchst beachtlich: Das als gemeinsam Erkannte wird zuerst herausgestellt, sodann aber auch die noch nicht zu überwindenden Unterschiede nach dem Verständnis je beider Seiten beschrieben, und dort, wo diese als nicht kirchentrennend beurteilt werden können, wird dies freimütig festgestellt. In dieser Weise sind in Dialogen auf internationaler wie auch nationaler Ebene nahezu alle traditionellen konfessionellen Differenzen behandelt worden[3], vor allem der seit der Reformation zentrale Gegensatz in der Rechtfertigungslehre – hier mit dem besonders erstaunlichen Ergebnis der »Gemeinsamen Feststellung« einer Einigung in grundlegenden Aspekten (1999 in Augsburg). Gleiches gilt auch im Blick auf die Eucharistie und sogar für die Lehre von der Kirche und den kirchlichen Ämtern bis hin zum »Petrusdienst« des Bischofs von Rom für die Universalkirche[4]. Im übrigen sind auch auf lokaler Ebene ökumenisch-geschwisterliche Nähe und Gemeinschaft zwischen evangelischen und katholischen Kirchengemeinden nahezu überall gewachsen und haben das ›Klima‹ gegenüber dem früherer Zeiten deutlich verändert.

Man kann sagen: Beide Kirchen sind dem Ziel sichtbarer Einheit bereits erheblich nähergerückt.

Gleichwohl sind in letzter Zeit aufs Neue Reserven und zum Teil auch Gegenwirkungen zu Wort gekommen. Sie müssen ernst genommen werden, sofern sie konfessionelle Gegensätze benennen, die als noch nicht wirklich theologisch überwunden beurteilt werden. Sie müssen im innerkirchlichen Gespräch so weit geklärt werden, dass in den kommenden Dialogen die eine Seite für die andere glaubwürdig bleibt. Die Ökumene-kritischen Stimmungen dürfen aber nicht dazu führen, dass in den Kirchen der Wille, zu sichtbarer Einheit beizutragen, etwa erlahmte oder gar ernsthaft bestritten würde und sich der ökumenische Elan nur noch auf die Erhaltung gegenseitiger freundlicher Toleranz beschränkte.

Ökumenischer Fortschritt auf dem Wege zu einer sichtbaren Einheit kann nur gelingen, wenn jede Seite zu einem eigenen Lernprozess bereit ist, in dem es nicht nur darum gehen muss, der anderen Seite die je eigene konfessionsbedingte Position so zu

3 Vgl. deren Zusammenstellung bis zum Jahr 1990 in: »Dokumente wachsender Übereinstimmung« Bd. I und II.
4 Dazu vgl. Communio Sanctorum Nr. 186-199.

erklären, dass Gegensätze aufgrund von tradierten gegenseitigen Missverständnissen verschwinden. Es muss vielmehr auch gewagt werden, in der je eigenen Position selbst so viel zu verändern, dass eine neue gemeinsame Position entsteht, die von beiden Kirchen bejaht werden kann, ohne dass grundlegende Wahrheiten ihres Bekenntnisses aufgegeben werden müssten. Was das betrifft, scheint für die evangelische Kirche der härtere Brocken als die Überwindung der Gegensätze in der Rechtfertigungslehre darin zu liegen, die übergemeindlichen Ebenen des Lebens der Kirche als *zu deren Wesen gehörend* ernst zu nehmen, sowohl die regionale, aber ebenso auch die gesamtkirchliche[5]. Was sie daran hindert, ist nicht eigentlich in ihrem Bekenntnis begründet als vielmehr in ihrer Geschichte, in der die übergemeindlichen Ebenen Jahrhunderte lang an staatliche Verwaltungs- und Leitungsorgane abgegeben waren. Und was das Papstamt betrifft, sind immer noch die bitteren und kränkenden Erfahrungen der Reformationszeit im kollektiven Gedächtnis präsent. Doch damit verbinden sich auch Motive aus der Tradition des Liberalismus des 19. Jahrhunderts.

Nun ist es zwar undenkbar, dass evangelische Kirchen sich jemals dem Jurisdiktionsprimat des Papstes unterstellen werden. Aber ob nicht das *personale* Papstamt die Aufgabe der Verkündigung des Evangeliums in der heutigen globalen Weltöffentlichkeit sowie der Bewahrung des einen Evangeliums in der Gesamtkirche wirksamer ausüben kann als etwa der Generalsekretär des Weltrats der Kirchen, ist eine Frage, die auch evangelischen Kirchen irgendwann im Prozess ökumenischer Einigung gestellt werden und von ihr zu beantworten sein wird. Sie wird aber ihrerseits darauf zu dringen haben, dass das *personale* Amt des Papstes verbindlich-fest in das *kollegiale* Amt einer Synode der künftigen Gesamtkirche so integriert wird, dass zwar Beschlüsse über Glauben und Leben weder gegen das Votum des Papstes noch aber auch umgekehrt das Votum des Papstes gegen die deutliche Mehrheit der Synode Geltung erlangen können. Gewiss kann die Kirche, zu deren *Wesen* es gehört, dem drei-einen Gott in allem zu gehorchen, *nicht demokratisch* strukturiert sein wie ein moderner westlicher Staat. Doch eine *Monokratie*, wie sie durch das I. Vatikanische Konzil festgelegt ist, entspricht ebenso wenig dem Wesen der Kirche nach dem Neuen Testament. Jesus

5 Communio Sanctorum Nr. 188.195.

hat die Gruppe seiner Zwölf Jünger geschaffen und dieser Petrus als primus inter pares vorangestellt (Mk 3,14-19). Und in der nachösterlichen Kirche bleibt das Apostelkonzil (Gal 2,1-10; Apg 15) das Ur- und Normbild aller konziliaren Leitungsbeschlüsse der sichtbar-einen Gesamtkirche. Das wird gerade auch für die ökumenische Kirche der Zukunft gelten.

Doch auch noch in einer andern Hinsicht wird es für beide Kirchen einen ökumenischen Lernprozess geben – nämlich im Blick auf das *Verhältnis von Amtsträgern und ›Laien‹* im Leben der Kirche, und zwar sowohl auf lokal-gemeindlicher Ebene wie auch auf regional- und gesamtkirchlicher. Evangelische Christen der Gegenwart werden zu lernen haben, dass ein Gegenüber von Pfarrern und Bischöfen einerseits und allen andern Gemeindegliedern andererseits vom Wesen der Kirche her notwendig ist und in der Ordnung des Gottesdienstes und allen Lebens der Gemeinden deutlich Gestalt gewinnen muss: Das Evangelium zu verkündigen und es aus dem Munde berufener Diener zu hören, ist unaufgebbare *geistliche Ordnung* (vgl. Röm 10,14f; 1Kor 12,28). Eine demokratische Gleichheit aller Christen im Amt der Verkündigung kann und soll es nicht geben (1Kor 12,29f).

Entsprechend kann es in den evangelischen Landeskirchen auch auf Dauer nicht dabei bleiben, dass Synoden, in denen die nichtordinierten Mitglieder die Mehrzahl gegenüber den ordinierten bilden, über Angelegenheiten des Evangeliums zu beschließen haben. Das Synodenrecht wird so zu verändern sein, dass, wo es um das Evangelium geht, allein ein Kollegium der Ordinierten zu beschließen hat. Das schließt allerdings keineswegs aus, sondern ein, dass die Laien, gerade als Mitglieder von Leitungsgremien, durchaus das Recht und die Pflicht haben zu prüfen, ob die Verkündigenden das Evangelium wahrheitsgemäß predigen und seine Folgen für das christliche Leben zu Recht geltend machen; und dass sie, wenn deren Verkündigung oder Weisung dem Evangelium widerspricht, das Recht und die Pflicht haben, ihnen den Gehorsam zu verweigern und die Hilfe derer anzurufen, die nach der Ordnung der Kirche zur Dienst-Aufsicht befugt sind.

Nur dann, wenn evangelische Synoden in diesem Sinn schriftgemäß neu geordnet sind, können sie im ökumenischen Dialog mit der katholischen Kirche als Vorbild dienen, wie auch dort Priester und Laien als Mitglieder von Leitungsgremien in eine gemeinsame Verantwortung berufen werden, wobei die einen wie die anderen je ihrer Aufgabe entsprechen. Zwar hat das II. Vatikanische Konzil zum ersten Mal in der Geschichte der katholischen Kirche grundsätzlich über Rechte und Aufgaben der Laien beschlossen (Über die Kirche, 4. Kapitel) und deren ureigenen Anteil am Sendungsauftrag der Kirche bekräftigt (Laienapostolat). Doch sind diese Beschlüsse bisher noch nicht in der Praxis voll verwirklicht worden. Das Experiment der Würzburger Synode (1971-1975) ist nicht wiederholt worden. In den nationalen und internationalen Bischofskonferenzen gibt es keine Laien als ordentliche Mitglieder. Erst recht ist das für ökumenische Konzilien nicht vorgesehen. Bei allen gemeinsamen Überlegungen über eine den Laien zukommende Beteiligung an der Leitung der künftigen Gesamtkirche wird von seiten der evangelischen Kirche voraussichtlich darauf gedrungen werden, dass an dieser Stelle gemeinsam ein Neubau der Leitungsstruktur gewagt wird.

Jedenfalls ist es von großer Wichtigkeit, dass es zwischen den Kirchen eine Grundübereinstimmung über die Bedeutung der Laien bereits gegenwärtig gibt. Wenn vom gemeinsamen »Priestertum aller Gläubigen« beziehungsweise »aller Getauften« die Rede ist, dann entspricht das dem zentralen Zeugnis des Neuen Testaments, dass in der Taufe alles Christsein gründet und der Glaube an Christus allen Christen gemein ist; dass in allen Verschiedenheiten der ihnen gegebenen Kräfte und Aufgaben der eine Geist Gottes wirkt und sie daher zu Einmütigkeit untereinander verpflichtet sind und gemeinsam zum Nutzen der einen Kirche beizutragen haben. An der Bewahrung und Förderung der Einheit der Kirche in diesem Sinn haben also wesentlich auch die Laien mit teil[6]. Ebenso aber auch an der missionarischen Aufgabe der Kirche[7], allen Menschen, mit denen sie außerhalb ihrer Gemeinde zusammenleben und -arbeiten, die Heilswirklichkeit Christi zu bezeugen, die dem Leben aller Menschen dient. Während solche missionarische Aktivität früher unter konfessionellem Aspekt unterschiedlich geschah, wird es immer mehr zu

6 Das hat auch das II. Vatikanische Konzil im 4. Kapitel der dogmatischen Konstitution »Über die Kirche« grundsätzlich betont: »Alle (sollen) in ihrer Weise zum gemeinsamen Werk einmütig zusammenarbeiten« (Nr. 30). »Sie geben alle in der Verschiedenheit Zeugnis von der wunderbaren Einheit im Leibe Christi« (Nr.32).

7 Das Konzil spricht sogar vom »Apostolat der Laien« – vgl. Über die Kirche Nr. 33, ausgeführt in: Laienapostel und in: Missionstätigkeit Nr. 41.

einer großen ökumenischen Chance, wenn evangelische und katholische Christen gerade auf dem vielfältigen Felde öffentlicher Bezeugung des Glaubens zusammenwirken[8].

3.2 Die Heiligkeit der Kirche

Von der Heiligkeit der Kirche kann nur die Rede sein, weil es *der heilige Gott* ist, der in ihr wirkt, und von »Gemeinschaft der Heiligen«, weil alle Getauften im Glauben an der heiligen Wirklichkeit der rettenden Liebe Gottes im Tod und in der Auferstehung Jesu Christi und der Kräfte und Gaben des Heiligen Geistes teilhaben. Nicht aus sich heraus sind die Menschen, die zur Kirche gehören, heilig, sondern weil Gott sie aus der Unheilswirklichkeit der Sünde errettet und aus Unheiligen zu Heiligen gemacht hat; und sie werden zu heiligem Tun dadurch verpflichtet, dass der Heilige Geist, den sie in der Taufe empfangen haben, sie dazu ermächtigt. Das Zentrum aller Heiligkeit in der Kirche ist ihr Gottesdienst, an dem teilzuhaben heißt, immer neu heilig zu werden und als Geheiligte zum Leben in Heiligkeit alle Zeit neu aufzubrechen.

Darin besteht heute zwischen den Kirchen grundsätzlich volle Übereinstimmung. Probleme gibt es jedoch dort, wo es um die Praxis »heiligen« Lebens geht: Evangelische wie katholische Christen sind von den Schwierigkeiten betroffen, in der heutigen säkularen Welt, an der alle teilhaben, nach christlichen Grundsätzen zu leben und zu handeln. Der allgemein um sich greifende Schwund der Gottesdienstteilnahme führt dazu, dass immer weniger Christen von der Quelle Gebrauch machen, durch die ihr Christsein »in Heiligkeit« Nahrung und immer neue geistliche Lebendigkeit erhält. Es bedarf so in wachsendem Maß elementarer Evangelisation mitten in der Kirche; und dabei zusammenzuwirken, wäre eine große ökumenische Chance – angefangen bei der Gewinnung von Jugendlichen in und außerhalb von Schulen und Universitäten bis hin zu Angeboten, geistliches Leben neu zu lernen. Erwähnenswert ist, dass es dazu nicht nur im Bereich der katholischen Kirche viele Lern-Orte für geistliches Leben in Klöstern gibt, die heute von vielen Menschen aufgesucht werden, son-

8 Auch dazu gibt es eine Empfehlung des Konzils: Missionstätigkeit Nr. 29.

dern seit über vier Jahrzehnten auch evangelische Kommunitäten. Und zwischen katholischen und evangelischen Klostergemeinschaften besteht eine enge ökumenische Verbindung, die der sonst zwischen den Kirchen bestehenden weit voraus ist.

Nach dem Neuen Testament ist christliches Leben eine radikale Alternative zu der Weise, wie Nichtchristen (»Heiden«) in der Umwelt der Kirche zu leben gewohnt sind[9]. Wenn Christen zum Glauben kommen, erfahren sie eine völlige »Umkehr«: Sie verlassen die Bindung zu den Gottheiten, die bislang ihr Leben bestimmt haben; für sie gibt es fortan nur den einzig-einen Gott und außer ihm eine Fülle dämonischer Mächte, von deren Gewalt über ihr Leben sie durch den einen Herrn Jesus Christus frei geworden sind. Sie meiden strikt jeden kultischen Kontakt mit ihnen. An den vielerlei Opferhandlungen und Opfermahlzeiten in den Tempeln ihrer Umwelt nehmen Christen nicht teil. Der Gottesdienst ihrer Gemeinde ist kein Opferkult. Sie führen ihr Leben im Gehorsam zum Willen Gottes, der sich in den Zehn Geboten zu erkennen gibt, die Jesus in den zwei Hauptgeboten unbedingter Liebe zu Gott und entsprechend ganzheitlicher Liebe zueinander zusammenfasst (Mk 12,28-34). Doch dieses Gebot ist nicht auf die Brüder und Schwestern ihrer geistlichen Familie begrenzt, sondern allen Menschen sollen sie mit Liebe begegnen (Röm 12,17f; 13,8-10). Sosehr die ethischen Prinzipien in Kirche und Welt einander gegensätzlich sind, so sehr jedoch soll sich christliches Leben in seiner Praxis nicht exklusiv gegenüber den Menschen der Welt vollziehen: Weil Gott *jeden Menschen* als sein Ebenbild geschaffen hat und weil Gottes Sohn Mensch geworden ist, um *alle Menschen* aus dem tödlichen Verderben ihres Lebens als Folge ihrer Sünde durch seinen Tod am Kreuz für sie zu erretten (1Tim 2,4-6), deswegen kann und darf es für das Gebot »Liebe deinen Nächsten wie dich selbst« keinerlei Begrenzung geben. Grenzen jedoch zieht umgekehrt der Egoismus der Sünder, die »Gier«, alles für sich zu bekommen auch auf Kosten seines Nächsten, der grundsätzliche Wille, sich selbst gegen alle anderen durchzusetzen. Diese »Begierde« ist das all-regierende Haupt der gesammelten Weltmacht der Sünde in ihren vielerlei Gestalten, von deren Herrschaft Christen frei geworden sind. Nach dem Apostel Paulus ist das menschliche Substrat dieser Begierde »das Fleisch«, das ist: der Mensch, der aus sich selbst zu

9 Vgl. oben S. 51-53.

leben sucht und alles Eigene dafür einsetzt. Die kreative Kraft der Liebe dagegen ist der Geist Gottes (Gal 5,16-26). Beide sind einander von Grund auf feind (V. 17). Für Christen heißt es daher: »Wenn wir leben durch den Geist, so lasst uns auch dem Geist (auf seinen Wegen) folgen!« (V. 25).

In der damaligen Welt war dieser Gegensatz offenkundig, und Christen hatten lebenslang um ihre »Heiligung« zu kämpfen (1Thess 4,3ff), um nicht nur in sich selbst die Begierden nicht wieder Herr über sich werden zu lassen, sondern auch ihre Nächsten nach Möglichkeit vor Übergriffen der Begierden anderer zu schützen – nach der Grundregel für Christen: »Lass dich nicht durch das Böse besiegen, sondern besiege das Böse durch das Gute!« (Röm 12,21).

Auch in der Welt unserer Gegenwart ist dieser Gegensatz wirksam. Zwar hat in der jahrhundertelangen Geschichte der christianisierten Welt Nächstenliebe allgemein ein hohes moralisches Ansehen gewonnen. Doch im Zusammenhang der Emanzipationsbewegung der Aufklärung ist die Nächstenliebe von ihrer Verbindung mit der Liebe zu Gott gelöst worden. Für Menschen, die autonom, in freier Selbstbestimmung leben wollen, kann sie nicht das Gebot eines anderen – und sei es des höchsten Gottes – sein, sondern das höchste Prinzip, das sich der Mensch, die Menschheit selbst für alles Handeln gibt und dessen absolute Verbindlichkeit in der Vernunft begründet und *daher* für jeden Menschen einzusehen und unbedingt zu bejahen ist. Die Formulierung als »kategorischer Imperativ« durch Kant zeigt einerseits die menschliche Ebene, über der es keinerlei transzendenten Horizont gibt, der ebenso jedermann einsichtig ist. Andererseits zeigt sich zugleich eine Beschränkung der Freiheit des einzelnen Menschen durch die Notwendigkeit, die Freiheit jedes anderen Menschen so anzuerkennen und zu wahren, wie der Handelnde selbst von diesem behandelt werden will. Wenn aber das Gleichgewicht zwischen meiner Freiheit und der Freiheit aller nicht im Handeln aller gewahrt wird, wird der Friede als Schutz der Freiheit beschädigt. Deswegen ist die Gewährleistung dieses Friedens in der Praxis des Zusammenlebens hochproblematisch, weil das Gleichgewicht der Freiheit verschiedener Menschen zu allen Zeiten hochsensibel ist: In jeder Situation des wechselnden Miteinander will es immer neu und immer anders ausgemittelt und gefunden werden.

So taucht der paulinische Gegensatz zwischen Fleisch und

Geist in ›säkularisierter‹ Gestalt auch dort auf, wo der theo-logische Horizont verlassen und die Ethik ganz und gar auf die anthropologische Ebene konzentriert ist. Doch während bei Paulus alles Handeln in christlicher Liebe sein Maß – aber auch seinen Schutz – in der Liebe Christi findet und dem Christen daher zugemutet werden kann, im Konfliktfall das Eigeninteresse hinter das des Anderen zurückzustellen (Phil 2,1-4), weil Christus für den Bruder ebenso gestorben ist wie für mich (1Kor 8,11), kann in einem rein ›weltlichen‹ Miteinander das beidseitige Bestehen auf der eigenen Freiheit als Maß des Handelns ganz leicht zu ernsthaften Gefährdungen und häufig auch zum Zerbruch des Friedens führen. Schon Kant hat im Egoismus, dem zu verfallen die in jedem Menschen schlummernde Möglichkeit verfehlten Gebrauchs der Freiheit ist, das »radikal Böse« gesehen, das zu beherrschen ein abgründiges Problem ist.

Die Geschichte der Neuzeit hat von Anfang an und immer tiefgreifender zu dem Dilemma einer Antinomie zwischen Freiheitsrechten und Gemeinschaftspflichten geführt. Immer schwerer wird es, einerseits den Herrschaftsansprüchen der Egoismen zu wehren, um soziale Gerechtigkeit zu schützen, und andererseits die individuellen Freiheitsrechte gegen Tendenzen zu gewaltsamer Durchsetzung von Gemeinschaftspflichten zu schützen. Immer größer wird in modernen Gesellschaften die Neigung, den Freiheitsrechten mehr Recht und mehr Raum zu geben als dem Schutz der dadurch bedrohten Schwächeren.

Den Kirchen fällt so im öffentlichen Diskurs eine zentral-wichtige Aufgabe zu: einerseits für das Lebensrecht derer einzutreten, die, sei es durch legale Gesetzgebung – wie im Fall von Abtreibung –, sei es gar durch unrechtmäßige Staatsgewalt – wie im nationalsozialistischen Deutschland und in zahlreichen anderen Ländern –, mit dem Tode bedroht sind; andererseits aber auch gegen Verstöße Einzelner gegen die legitimen Interessen des Gemeinwohls die Stimmen zu erheben – wie gegenwärtig aktuell im Zusammenhang der Weltwirtschaftskrise – oder Besitzende zu besonderen Hilfsaktionen für notleidende Völker zu ermutigen oder auch für den eigenen Staat – wie es zur Bewältigung der hochgefährlichen Überschuldung aktuell nötig wäre. In all diesen und entsprechenden anderen Fällen vermögen die Kirchen nämlich mit einer Autorität zu sprechen, die Forderungen der Vernunft dort Kraft und Gewicht verleiht, wo ihr diese fehlen. Immer deutlicher nämlich zeigt sich überall diese Grenze der

Vernunft, deren Autonomie nicht nur ihre große Stärke im öffentlichen Diskurs ist, sondern auch ihre Schwäche, wenn es gilt, ihr Urteil im Kampf widerstreitender Großinteressen überzeugend durchzusetzen. Ein Eintreten für die unantastbare Würde *jedes* Menschen kann mit Gründen der Vernunft nur erklärt und überzeugend durchgesetzt werden, wenn der Vernunft das Recht zugestanden wird, sich auf die absolute Wahrheit und Geltung des Willens Gottes über dem Willen der Menschen zu berufen.

In diesem Sinn kann und muss die Kirche die *Heiligkeit Gottes* allen Menschen einzeln wie auch der Menschheit der ganzen Welt bezeugen – seine Heiligkeit, die in ihrem eigenen Wesen *konkrete Liebe zu jedem Menschen* ist und deren absolute Transzendenz deshalb nicht als Heteronomie der Autonomie des Menschen widerstreitet, sondern als allmächtige Liebe für *jeden* Menschen – in der Würde als Gottes Ebenbild (1Mose 1,26) – ›Partei ergreift‹ und insofern aller Parteilichkeit, die Menschen entzweit, überlegen ist.

Die Aufgabe, Zeugin der Heiligkeit Gottes zu sein, kann die Kirche aber nur wahrnehmen, wenn ihr Zeugnis, wo immer sie spricht, als ein und dasselbe übereinstimmt. Ihrer eigenen Heiligkeit kann sie nur als *eine* Kirche entsprechen. Deswegen ist *ökumenische Einigung* der getrennten Kirchen unbedingt notwendig und, wenn die oben stehende Beurteilung der gegenwärtigen Lage zutrifft, *hochaktuell erforderlich.*

Dazu gehört nun freilich nicht nur ein gemeinsames Zeugnis nach außen, sondern auch eine Übereinstimmung in den Grundlinien christlicher Lebenspraxis im eigenen Binnenbereich. Was das Erste betrifft, besteht bereits jetzt ein beachtlicher Konsens, der sich in manchen öffentlichen Wortmeldungen zu aktuellen Problemen des Lebensschutzes[10] gezeigt hat und der Stimme des Christentums in der Welt Achtung und Gewicht verschafft. Es ist sehr zu hoffen, dass diese Kooperative sich ungehindert fortsetzt.

Was jedoch das Zweite anlangt, bedarf es dringend eines Dialogs mit dem Ziel, die biblischen Weisungen zu »heiligem Lebenswandel« (1Thess 4,1) übereinstimmend für christliche Lebensführung heute auszulegen und für entsprechend gemeinsame Pastoral Sorge zu tragen. Denn hier bestehen noch erhebli-

10 Ich verweise hier nur auf die gemeinsame evangelisch-katholische Stellungnahme: »Gott ist ein Freund des Lebens«.

che Differenzen zwischen unseren Kirchen, die dringend einer Klärung bedürfen. Es ist gewiss zuzugeben: Wie die geradezu revolutionsartige Welle von Veränderungen der allgemeinen Lebensweise im Sinne eines modernen Liberalismus, die seit der Mitte des vorigen Jahrhunderts stattgefunden hat und noch immer weiter fortwirkt, von Christen zu beurteilen ist und in welcher Weise sie daran selbst teilnehmen, ist eine ausgesprochen schwierige Frage. Die ethischen Weisungen im Neuen Testament sind gewiss nicht alle in gegenwärtigem Leben sozusagen Wort für Wort zu befolgen. Doch deren grundsätzliche Linie ist für christliche Lebensführung zweifellos bleibend maßgeblich, sofern diese sich überhaupt verbindlich an der Heiligen Schrift orientiert. Das gilt nicht nur für den Gesamtbereich von Sexualität sowie von Ehe und Familie. Es gilt vor allem auch für den Umgang mit Schuld, für die Bedeutung von Beichte und Absolution im täglichen Leben (im Unterschied zu Psychotherapie) und der Treue des eigenen Einsatzes zur ›Aufarbeitung‹ dessen, was durch Schuld ›angerichtet‹ worden ist. Es gibt überall die Notwendigkeit, als Christ auch nein zu sagen und deutlich alternativ zu leben und zu handeln zu dem, was üblich ist.

Wenn sich in eindringlichem ökumenischen Dialog ein Konsens herausarbeiten ließe, wie in unserer heutigen Welt Christen konkret »heilig« – das heißt: dem Willen des heiligen Gottes entsprechend – leben sollen und können, dann wäre ein wichtiger Schritt zur Einigung unserer Kirchen getan.

Jedenfalls ist klar, dass ein solcher Konsens nicht bereits von vornherein an der Rechtfertigungslehre scheitern muss. Dass die Befreiung von der Herrschaft der Sünde über die gesamte Existenz des Sünders durch die Heilskraft von Tod und Auferstehung Jesu Christi und darin durch die barmherzige Gnade Gottes die Voraussetzung alles christlichen Lebens und Handelns ist und bleibt, darin besteht volle Übereinstimmung zwischen evangelischer und katholischer Ethik. Gleichfalls darin, dass Christen sich in all *ihrem* Handeln auf die Hilfe des Geistes *Gottes* verlassen dürfen. Aber auch dies gilt in beiden Kirchen: Der Gehorsam des Glaubens an den Gott der Gnade muss und kann sich verwirklichen als Gehorsam zum Willen des Gottes der Liebe. Der ›Lebenswandel‹ jedes aus Gnade gerechtfertigten Christen soll und kann »heilig« sein auch in unserer modernen Welt; und diese Heiligkeit schließt nicht aus, sondern ein, dass ein Christ ständig der Vergebung Gottes bedarf und sie immer neu suchen muss.

3.3 Die Apostolizität der Kirche

Von Anfang an hängt die Wahrheit des Glaubens aller Christen der einen Kirche an der Verkündigung des Evangeliums, zu der die Apostel durch einen einzigartigen Berufungsakt des auferstandenen Jesus bevollmächtigt worden sind. Für alle Zeiten gehört es daher zum Wesen der Kirche, dass ihre Verkündigung und ihr Leben auf dem Fundament bleibt, das durch die Apostel gelegt ist, und dass deshalb zu aller Zeit die, die im Gottesdienst das Evangelium zu Wort kommen lassen, an der Vollmacht der Apostel teilhaben.

Dieser Bezug auf den apostolischen Anfang bestimmt so das wichtigste Amt der Kirche: das der Verkündigung des Evangeliums. Jeder Pfarrer und jede Pfarrerin empfängt in ihrer Ordination die Gabe des Heiligen Geistes, der ihnen zu allem Tun im Dienst für ihre Gemeinde die dafür notwendige Teilhabe an der Vollmacht der Apostel vermittelt, sodass sie wissen, erfahren und sich fest darauf verlassen können, dass sie nicht auf sich selbst allein gestellt sind, sondern in ihrem ganzen Dienst diese Hilfe des Geistes in Anspruch nehmen dürfen. Zugleich ist es ein Zeichen dieser Verbundenheit mit den Aposteln, dass sie ihre Ordination von einem Ordinierten empfangen, der darin nicht nur in der apostolischen Vollmacht, sondern auch im Auftrag der Gesamtkirche handelt. Denn ordiniert wird man nicht nur für die Gemeinde, die einem jetzt anvertraut wird, sondern lebenslang für alle Dienste in der Kirche.

Von der Mitte pfarramtlichen Dienstes, vom Gottesdienst her ist jede Pastorin und jeder Pastor dazu verpflichtet, jedem Glied ihrer Gemeinde in der Liebe Christi zu begegnen und nahe zu sein. Aber nicht nur diese seelsorgerliche Aufgabe prägt ihr Amt. Von zentraler Bedeutung ist auch, dass sie sich darin an das Vorbild der Apostel halten. Bei der Vorbereitung ihrer Predigt sowie auch jedes anderen Dienstes sollen sie die aktuelle Hilfe des Geistes Gottes erbitten, der ihnen das richtige Verstehen des Evangeliums durch sein Licht schenken und das, was das Evangelium dieses biblischen Textes für das Leben dieser Hörer in ihrer heutigen Situation zu sagen hat, finden lassen möchte. Und eng damit verbunden ist die *Fürbitte* für diese Gemeinde und nicht zu vergessen: auch der *Fürdank* für alles, was Gott ihr bereits gegeben hat[11]. Für solche Bitte, Fürbitte und Fürdank sollten sie sich genügend Zeit nehmen. Das stärkt ihr Vertrauen und ihre Zuversicht auf die Hilfe des Geistes sowie zugleich auch ihre Bereitschaft zu intensivem Hören und ihre Ernsthaftigkeit, nichts anderes als die Wahrheit apostolischer Lehre zu verkündigen und öffentlich zu vertreten. Dazu bedarf es auch ständigen Lesens in der Heiligen Schrift und ständiger eigener theologischer Fortbildung. Unser aller Teilhabe am Geist bringt mancherlei gute Anregung dazu. Doch unser aller Teilhabe am Ungeist und der Geistlosigkeit unserer modernen Lebenswelt bringt auch vielerlei sehr schädliche Einflüsse zu subjektiver Willkür und Eitelkeit, durch Anpassung an das jeweilige ›mainstreaming‹, selbst »ach wie modern« zu sein zur Wirkung. Zum Auffinden der einen Wahrheit apostolischer Lehre der Kirche ist sicherlich eine ernsthafte Entschlossenheit und auch ein gutes Maß von Arbeitseinsatz nötig, aber auch viel vertrauensvoller Kontakt mit Berufs- (Berufungs-!) Kollegen und regelmäßiger Austausch mit einem persönlichen Seelsorger, den jeder von uns zur Seite haben muss. Die »Gemeinschaft der Ordinierten«, der wir in der Ordination ebenso anvertraut wie verpflichtet worden sind, verwirklicht sich am intensivsten in gegenseitiger Fürbitte!

Was für den pastoralen Dienst gilt, gilt aber auch umgekehrt für jede Gemeinde. Alle, die zu ihr gehören, vor allem die Mitglieder des Kirchenvorstands (Presbyteriums), sollten ebenfalls für ihre Pastorinnen und Pastoren regelmäßig beten. Es ist immer etwas anderes, aus solcher Fürbitte heraus deren Dienst kritisch zu begleiten und eventuelle Wahrheitswidrigkeiten offen auszusprechen, als wenn dies aus ungeistlichen Voraussetzungen geschieht. Wachsamkeit und Frieden sollten sich in guter Weise verbinden unter gegenseitiger Inanspruchnahme der Hilfe des *einen* Geistes Christi, der zweifellos am wirksamsten Streit und (offene oder versteckte) Feindseligkeiten zu verhindern und gegebenenfalls zu überwinden weiß.

Was die *Apostolizität des Pfarramts* betrifft, stimmen die evangelische und die katholische Kirche grundsätzlich überein – *wenn* denn das Gelöbnis, das die Ordinierten der evangelischen Kirche ablegen, von ihnen vollauf ernst genommen wird: alle Verkündigung und Lehre sowie die ganze Praxis ihres Dienstes nach der Heiligen Schrift und nach dem Bekenntnis der Kirche auszurichten.

11 Dazu vgl. *U. Wilckens*, Theologie des Neuen Testaments II/2, 263-266.

Sosehr es dazu, wie gesagt, *eigenen Verstehens* der Wahrheit des von den Aposteln bezeugten Evangeliums bedarf, die durch alle Zeiten der Kirche hindurch immer die eine ist und bleiben muss, so sehr steht es doch deshalb nicht im *eigenen Ermessen* der Ordinierten, wie sie selbst diese Wahrheit deuten zu sollen meinen. Die heute sich verbreitende Tendenz, es für die Aufgabe des Predigtamts in der modernen Lebenswelt zu halten, biblische Aussagen so *umzudeuten,* dass sie für heutige Hörer »noch« verstehbar seien, ja, aus der Fülle biblischer Aussagen das *auszuwählen,* was auch ›kritisch Denkenden‹ einleuchten könne, und das *auszuscheiden,* was diesen ›nicht mehr zuzumuten‹ sei – diese Tendenz verletzt das Ordinationsgelübde. Wenn gar solche beanspruchte Deutungsfreiheit gegenwärtig zuweilen geradezu als Kennzeichen einer wahrhaft ›protestantischen‹ Kirche behauptet wird – im Gegensatz zur Abhängigkeit katholischer Priester von dem ihnen übergeordneten Lehramt der Bischöfe und des Papstes –, so werden in die gerade erreichte ökumenische Gemeinsamkeit neue tiefe Gräben eingerissen (beziehungsweise die alten des 19. Jahrhunderts wieder ausgegraben!), und zwar in schreiendem Widerspruch zu der Verbindlichkeit schrift- und bekenntnisgemäßer Verkündigung, die in einer wirklich evangelischen Kirche nun einmal unbedingt zu gelten hat!

Genau das nämlich gehört zu der heute gewonnenen ökumenischen Übereinstimmung zwischen unseren Kirchen: Nach dem II. Vatikanischen Konzil gilt auch für die katholische Kirche, dass die Heilige Schrift »die höchste Richtschnur ihres Glaubens« ist und darum »jede kirchliche Verkündigung sich von der Heiligen Schrift nähren und sich an ihr orientieren muß« (Göttliche Offenbarung Nr. 21). Hinwiederum ist daran zu erinnern, dass es nach dem Bekenntnis auch der evangelischen Kirche durchaus ebenfalls ein ›Lehramt‹ gibt – nämlich das Visitationsamt und -recht der Bischöfe, »Lehre zu beurteilen und die Lehre, die gegen das Evangelium ist, zu verwerfen« (Augsburger Bekenntnis Art. 28). Dieses bischöfliche Amt überall dort wahrzunehmen, wo evangeliumswidrig verkündigt und gehandelt wird, ist in der faktischen Kommunikationsstruktur der heutigen Kirche oft außerordentlich schwierig, ja nicht selten problematisch. Es erfordert ein hohes Maß an Wahrheitsgewissheit, persönliche Autorität und geistlichen Mut.

Was nun das *Bischofsamt* angeht, so gibt es im ökumenischen Dialog Differenzen, die noch nicht überwunden sind, die aber durchaus überwunden werden könnten. Das Bischofsamt ist in der evangelischen Kirche jungen Datums: Erst seit 1919 ist es neu entstanden, nachdem in Deutschland die politische Entscheidung für eine Trennung von Staat und Kirche verwirklicht worden ist und damit die unselige Usurpation bischöflicher Rechte und Pflichten durch die politischen Herrscher ihr verdientes Ende gefunden hat. Doch als dieses kirchliche Leitungsamt auf kirchliche Träger überging, blieb der evangelische Bischof ein Zwitter: In manchen Landeskirchen war und ist er einerseits der Vorsitzende (»Präses«) der Synode und andererseits zugleich der Leiter der kirchlichen Verwaltungsbehörde (»Kirchenamt«). In anderen Landeskirchen ist der Bischof der Nachfolger des preußischen geistlichen Aufsichtsamts (»Generalsuperintendent«). Durch diese Begrenzung seiner faktischen Entscheidungskompetenz ist der evangelische Bischof vom katholischen Bischof unterschieden. Vor allem aber: In der katholischen Kirche gibt es eine Bischofsweihe, eine besondere Ordination, von der die der Priester abgeleitet ist. Der evangelische Bischof ist dagegen nur als Pfarrer ordiniert, und sein Amt wird entsprechend als eine besondere »übergemeindliche« Ausgestaltung des Pfarramts verstanden. Jedoch: Für die Bewahrung der Wahrheit von Verkündigung und Lehre in der Landeskirche und für die Einheit der Pfarrer und Gemeinden durch das Evangelium ist der Bischof sehr wohl verantwortlich, er kann und darf diese Verantwortung aber nur durch die Geisteskraft des Wortes und nicht durch rechtliche Entscheidungen wahrnehmen (»non vi, sed verbo«; Augsburger Bekenntnis Art. 28). Das galt einst auch für den Apostel Paulus (2Kor 1,24). Damals freilich hatte die Autorität der Apostel zur Gesamtleitung der Gemeinden in der Kirche allgemein Geltung. In der heutigen Bewusstseins- und Rechtslage im Binnenraum evangelischer Landeskirchen ist dagegen Kirchenleitung »allein durch das Wort« faktisch eine ständige Überforderung der Person, und zwar umso mehr, als die Anerkennung der Autorität des bischöflichen Amtes im Bewusstsein der Kirchenmitglieder sich abschwächt.

Der eigentliche Sinn des altkirchlichen Bischofsamts ist: Der Bischof ist in seiner Person der *Repräsentant der Gesamtkirche* im Bereich seiner Diözese (»Teilkirche«). In der katholischen Kirche wird dieses Amt heute *personal und zugleich kollegial* ausgeübt: In seiner Diözese ist der Bischof der Leiter alles kirchlichen Lebens. Als Mitglied der Bischofskonferenz hat er an der Leitung der Gesamtkirche im Bereich der Nation teil. Formal gilt dieses Prinzip der Verbindung von personaler und kollegialer Leitung auch für die Bischöfe der evangelischen Kirche. Auch dort gibt es Bischofskonferenzen. Doch die faktische Leitungswirklichkeit sowohl des Landesbischofs als auch der Bischofskonferenzen ist ungleich begrenzter als in der katholischen Kirche. Das liegt daran, dass dort die Bischofsweihe ihrem Träger eine geistliche Autorität verleiht, die im Leben der Kirche seit vielen Jahrhunderten praktiziert und erfahren worden und daher unter katholischen Christen ganz einfach vertraut ist. Selbst wenn man sich an der Person seines Bischofs stößt oder ärgert, so ist dieser doch als der Bischof akzeptiert.

In der Reformationszeit ist das Bischofsamt als solches nicht bestritten worden. Die Vermischung des geistlichen Leitungsamts mit dem eines weltlichen Machthabers war es, der die theologische Kritik an den Bischöfen galt; und dann zusehends mehr die tiefe Enttäuschung darüber, dass keiner der Bischöfe sich zu dem Evangelium in dem Sinne bekannte, in dem die Reformatoren die Christus-Wahrheit der Heiligen Schrift erkannten und in dem sie seine Verkündigung forderten. Der Schlussartikel des Augsburger Bekenntnisses endet mit einer eindringlichen Bitte, es möchten wenigstens einige von ihnen aufhören, der Verkündigung des Evangeliums Hindernisse in den Weg zu legen. Weder in der Ursprungszeit der Reformation also noch heute gibt es gewichtige Gründe von Schrift und Bekenntnis, die eine bischöfliche Ordination ausschließen. Im Gegenteil! Dagegen gibt es heute einen theologisch sehr gewichtigen Grund für die Einführung einer Bischofsordination: Sie wäre ein ökumenisch wichtiger Schritt zur Verwirklichung der sichtbaren Einheit der Kirche. Der Bischof repräsentiert die Gesamtkirche auf der Ebene einer Teilkirche, in der die einzelnen Ortsgemeinden sich als Glieder einer geistlichen Familie von Gemeinden konkret erfahren können. Der Bischof erweist durch seine Ordination, dass die Gemeinschaft der Gemeinden in der einen Kirche apostolischen Ursprungs ist. Ihm erwächst aus der Ordination die geistliche Autorität, die Wahrheit des Evangeliums gegen Verfälschung und Verflachung zu verteidigen und sie in seiner Landeskirche durchzusetzen. Und ihm öffnen sich in unserer medialen Öffentlichkeit besondere Chancen, das Evangelium den vielen Nicht-mehr-Christen öffentlich zu erklären. Dies ist heute im Amt des Vorsitzenden des Rates der Evangelischen Kirche in Deutschland bereits ebenso der Fall wie im Amt des Vorsitzenden der Bischofskonferenz der katholischen Kirche. Die öffentliche Überzeugungskraft würde sich aber verstärken, wenn der evangelische Ratsvorsitzende in deutlicher Gemeinschaft mit dem Vorsitzenden der katholischen Bischofskonferenz, und somit beide vereint in gegenseitiger Anerkennung ihres bischöflichen Amtes, zu wichtigen Fragen im Namen *der Kirche* gemeinsam Stellung nehmen könnten.

Überdies sind sowohl in den USA wie auch in Nordeuropa wichtige gleichartige Schritte in Richtung auf ein gemeinsames Bischofsamt in apostolischer Autorität und Kontinuität erfolgt. Hier wie dort haben sich lutherische und anglikanische (in USA: »episcopal«) Kirchen zu einer Gemeinschaft gegenseitiger voller Anerkennung ihrer Ämter zusammengeschlossen. Dazu haben sich die Kirchen der EKD im Verhältnis zur Kirche von England bislang leider noch nicht verstehen können. Würden sie dies jetzt tun, würde es der katholischen Kirche leichter gemacht, auch ihrerseits die Ämter der evangelischen Kirche anzuerkennen. Es würde ja dann das für Rom entscheidende Hindernis beseitigt sein: »das Fehlen beziehungsweise der Mangel des Weihesakraments« (Ökumenismus 22).

Es wäre daraufhin freilich an Rom, die anderen noch verbleibenden Unterschiede in Lehre und Praxis der Ämter als nicht kirchentrennend zu beurteilen und so den evangelischen Kirchen trotz vielerlei Eigenheiten in der Regelung der Ämter in ihrer Kirchenordnung die Anerkennung als Kirchen nicht mehr zu versagen.

Von diesen Differenzen ist die *Ordination von Frauen,* die in den anglikanischen und evangelischen Kirchen seit einer Generation zur Kirchenordnung gehört, in der gegenwärtigen ökumenischen Diskussion wohl die strittigste. Die orthodoxen Kirchen lehnen wie die römisch-katholische diese Neuerung in den evangelischen Kirchen ab. Sie begründen dies mit dem Hinweis darauf, dass Jesus mit der Berufung der zwölf Jünger aus der großen Zahl von Jüngern und Jüngerinnen und mit ihrer Wahl als Teilnehmer seines Abschiedsmahls den Grund dafür gelegt hat, dass in der nachapostolischen Zeit die Berufung in die apostolischen Leitungsämter der Bischöfe und Presbyter nur Männern gegeben worden ist und dass dies durch alle Jahrhunderte hindurch eine selbstverständliche und vertraute Tradition geblieben ist, die niemals bestritten worden ist. Die Empfindung ist dort eindeutig:

Wer am Altar an Stelle Jesu Christi die eucharistische Handlung mit Brot und Wein vollzieht, kann nur ein durch ihn ordinierter Priester sein. Dieser emotionale Grund der Ablehnung von Priesterinnen dürfte wohl für nahezu alle Katholiken, Priester wie Laien, der faktisch stärkste sein.

Den dogmatischen Gründen steht aber entgegen, dass im Neuen Testament Frauen im Apostelamt jedenfalls an einer Stelle bezeugt sind: Paulus hebt das Ehepaar Andronikus und Junia (nicht »Junias«) als »besonders angesehen unter den Aposteln vor mir« hervor (Röm 16,7). Dagegen wird freilich in 1Tim 2,12 Frauen jegliches »Lehren« im Gottesdienst strikt untersagt (entsprechend in 1Kor 14,34-35, einer Stelle, deren paulinische Ursprünglichkeit jedoch umstritten ist). Ein aktueller Anlass dafür könnte gewesen sein, dass sich bei den gnostischen Irrlehren Prophetinnen sehr hervorgetan haben (Offb 2,20-23), wie dies auch aus späterer Zeit vielfach bezeugt ist. Bei Jesu Wahl der zwölf Jünger freilich war nicht entscheidend, dass sie Männer waren, sondern dass sie die zwölf Stämme Israels repräsentieren sollten. Gleiches dürfte auch für das Abschiedsmahl gelten, bei dem die Gruppe der zwölf Jünger die Kirche als das Gottesvolk in seiner endzeitlichen Vollendung repräsentiert als die Heilsgemeinde aus Israel und allen Völkern. Nichts spricht dafür, dass dabei zugleich die Ablehnung von Jüngerinnen ein Motiv gewesen ist. Denn Jesus hat Frauen ebenso wie Männer zu seinen Jüngern berufen und war ihnen sehr verbunden (Lk 10,38-42). Überdies sind Jüngerinnen nach Mk 16,1-8 die ersten Osterzeugen gewesen; und dass eine Frau wie Maria Magdalena in Joh 20, 11-18 in so bewegender Weise ihrem auferstandenen Herrn begegnet und er sie als Botin seiner Auferstehung zu seinen Jüngern gesandt hat, wäre in so späten Texten niemals in so herausgehobener Weise berichtet worden, wenn Frauen in der frühen Kirche nicht auch in führenden Stellungen hoch geachtet worden wären. Das müssen gewiss nicht Gründe sein, den beiden traditionsreichen alten Kirchen eine Erweiterung der Ordination für Frauen unbedingt anzuraten (geschweige denn den Kontakt mit Kirchen abzubrechen, die sich dagegen entschieden haben). Wohl aber sind es Gründe aus der Heiligen Schrift, die gewichtig genug sind, Kirchen die Anerkennung deswegen nicht zu versagen, weil sie Frauen ordinieren. Eine Gesamtkirche in sichtbarer Einheit sollte bestehen können, auch wenn unter den Teilkirchen in dieser Hinsicht auf Dauer verschiedene Ordnungen gelten.

Angesichts der jahrhundertealten Verfestigung des Ordnungsgefüges der römisch-katholischen Kirche wäre ein solcher Schritt zur Anerkennung des ordinierten Amts der evangelischen Kirche zwar sicherlich mit erheblichen Schwierigkeiten verbunden. Doch wo Rom die orthodoxen Kirchen als Kirchen »im Vollsinn« anerkennt, obwohl deren bischöfliche Leiter den Jurisdiktionsprimat des Papstes nicht anerkennen, wäre eine entsprechende Anerkennung der evangelischen Kirchen mit ordinierten Bischöfen und Bischöfinnen nicht zwingend auszuschließen.

Ein letztes schwerwiegendes Hindernis auf dem Wege zu einer Weltkirche in sichtbarer Einheit ist das *Amt des Papstes,* dessen gesamtkirchlichen Primat die katholische Kirche aufgrund der Beschlüsse des I. Vatikanischen Konzils (1870) behauptet und durch das II. Vatikanische Konzil nochmals bekräftigt hat. Dem widersprechen alle nichtkatholischen Kirchen. Wie in dieser Lage die Leitung einer Weltkirche zu gestalten sein kann, ist eine völlig offene Frage. Dass es allerdings beim jetzigen Zustand des Weltkirchenrats nicht einfach bleiben kann, eines sehr lockeren Bundes aller Kirchen, die Jesus Christus als den Herren bekennen, ist allen Einsichtigen klar – schon deswegen, weil die römische Kirche diesem Weltrat nicht angehört und ihre Beteiligung auf die »Kommission für Glauben und Kirchenverfassung« beschränkt. Eine Weltkirche in sichtbarer Einheit kann aber nicht die Gestalt bloß eines Bundes je selbstständig bleibender Kirchen haben. Sie muss vielmehr eine wirklich einheitliche Gemeinschaft von Kirchen mit verbindlichen Rechten und Pflichten sein, die so auch eine effiziente gesamtkirchliche Leitung haben muss – freilich eine Leitung in einer Gestalt, der alle Kirchen zustimmen können. Und diese zu finden, ist ebenso wichtig und faszinierend wie problematisch und manchmal zu Resignation verführend.

Auf evangelischer Seite erhebt sich zunächst immer wieder die Frage, ob und wieso es denn überhaupt eines gesamtkirchlichen Leitungsorgans bedarf, in welcher Gestalt auch immer. Seien denn nicht alle Ordnungen in der Kirche von Menschen eingerichtet und könnten daher in jedem Fall nur »menschlichen Rechts« (iure humano), nicht aber göttlichen Rechts (iure divino) und für alle absolut verbindlich sein? So pauschal jedoch trifft diese Meinung, von der Grundlage des reformatorischen Bekenntnisses geurteilt, nicht zu. Gewiss hat man in der Zeit der Reformation die Organe der weltlichen Obrigkeiten, denen aus Gründen des akuten kirchlichen Notstands kirchenleitende Funktionen zuerkannt werden mussten, mit Recht nur als Ordnungen »menschlichen Rechts« eingestuft. Das war theologisch wohl bedacht. Dagegen galt und gilt das Amt der Leitung des Gottesdienstes in Wort und Sakrament, weil von Gott eingesetzt, samt dem kirchlichen Akt der Ordination als »legitimer Berufung« eindeutig als »göttlichen Rechts« (Augsburger Bekenntnis Art. 7.14). Und das traf konsequenterweise auch auf alles zu, was die Ordinierten in ihrer gemeinsamen Verantwortung (»magno consensu«) für die Bewahrung der apostolischen Lehre des Evangeliums in der Kirche zu tun hatten. Ist es dann aber nicht konsequent, dass diese Verantwortung in irgendeiner Weise auch auf der Ebene der Gesamtkirche entsprechend »nach göttlichem Recht« zu ordnen sein sollte? Und wäre es nicht zu wünschen, dass eine entsprechende Ordnung in ökumenischer Zukunft von allen christlichen Kirchen der Welt gemeinsam gefunden wird?

Dazu ist zunächst zur Kenntnis zu nehmen, dass auch nach katholischer Lehre seit dem II. Vatikanischen Konzil gilt, dass die Kirche zugleich ein geistliches Mysterium und eine sichtbare Institution ist (Über die Kirche 8); und dies gilt vor allem vom Gottesdienst als dem Lebenszentrum der Kirche, von dem her diese auf örtlicher, regionaler und universaler Ebene in ihrem Wesen bestimmt ist und dies auch für ihre Leitungsorgane zutrifft, für die Priester, die Bischöfe und den Papst. Dem ist von evangelischer Seite grundsätzlich zuzustimmen: Wenn das Bischofsamt als Repräsentation der Gesamtkirche in der Familie der Ortsgemeinden als Teilkirchen notwenig ist, warum dann nicht auch ein Papstamt als bischöfliches Leitungsamt auf der Ebene der Gesamtkirche? Und wenn die Bischöfe mit apostolischer Autorität zu leiten haben »an der Stelle Christi« selbst als des Hauptes seines Leibes, warum dann nicht auch ein bischöflicher Leiter der universalen Kirche?

Gewiss bedarf es, was die rechtliche Ausstattung dieses gesamtkirchlichen Bischofsamts betrifft, eindringlicher Diskussion. Der Primat des Papstes ist so, wie er seit 1870 im Kirchenrecht der römisch-katholischen Kirche geordnet ist – einschließlich der Irrtumsfreiheit seiner offiziellen Lehrentscheide –, für keine der nichtkatholischen Kirchen zustimmungsfähig. Doch ein Blick auf die Verhältnisse im 1. Jahrtausend könnte Ausgangspunkt einer heutigen Diskussion sein: Damals galt unter den großen ehrwürdigen, weil aus der Zeit des Anfangs stammenden Patriarchaten der Stuhl des Bischofs von Rom als von besonderer Ehre und

Würde. Denn Rom war der Ort, an dem die beiden Hauptapostel Petrus und Paulus als Märtyrer gestorben sind. Um der Apostolizität der Gesamtkirche willen stand daher dem Bischof von Rom, dem Patriarchen der Kirche des Westens, der Ehrenvorsitz im Kreise der Patriarchen des Ostens zu. Diese Stellung sollte so dem Papst auch an der Spitze einer künftigen Weltkirche zuzuerkennen sein. Dies ist ein Vorschlag, der gerade auch von katholischen Theologen schon öfter gemacht worden ist, darunter auch von Josef Ratzinger, dem früheren Präfekten der Glaubenskongregation im Vatikan, der als Papst Benedikt XVI. seinen Vorschlag aufrechterhalten hat[12]. Der damalige Kreis der Patriarchen der Ostkirchen mit dem römischen Papst in ihrer Mitte würde in der ökumenischen Zukunft durch bischöfliche Vertreter der anglikanischen und aller anderen evangelischen Kirchen zu erweitern sein. Das Wort »katholisch« würde endlich wieder für die faktische Gesamtkirche, also auch für die evangelischen Kirchen gelten.

Viele der Rechte und Pflichten des römischen Papstes, wie sie im Rechtsbuch der römisch-katholischen Kirche festgelegt sind, würden dann auch weiterhin nur für deren Bereich Geltung haben. Aber das war auch bei den Patriarchen der Kirchen des Ostens so und wird heute den mit Rom vereinigten orthodoxen Kirchen zuerkannt. Verschiedene Rechtsordnungen in Teilkirchen lassen sich bereits jetzt nach katholischer Auffassung mit der Einheit der Gesamtkirche sehr wohl vereinbaren.

Auch dass die Gesamtkirche von den Patriarchen in gemeinsamer Abstimmung ›kollegial‹ geleitet wurde, gehört zum Bild der Kirche des 1. Jahrtausends. Und vor allem: dass ein ökumenisches Konzil der Gesamtkirche das Organ war, die rechte Lehre festzustellen und Irrlehren abzuweisen. Beides ließe sich auf eine Weltkirche der Zukunft übertragen. Denkbar wären sowohl regelmäßige Treffen der Spitzenrepräsentanten aller in ihr vereinigten Kirchen als auch ökumenische Konzilien zur Beratung und Verkündung der Lehre, die in der Gesamtkirche als die apostolische Wahrheit erkannt wird. Dazu wird die evangelische Kirche aus ihrer Tradition der Synoden sicherlich vorzuschlagen haben, dass an ökumenischen Konzilien auch Vertreter der Laien aus allen Kirchen teilnehmen, freilich ohne Beschlussrecht in Glaubens-

12 Prognosen für die Zukunft des Ökumenismus, in: *Joseph Kard. Ratzinger*, Vom Wiederauffinden der Mitte (^{2}1998), 181-196: »Obgleich uns nicht gegeben ist, die Geschichte stillzustellen, den Weg von Jahrhunderten zurückzunehmen, darf man doch sagen, dass nicht heute christlich unmöglich sein kann, was ein Jahrtausend lang möglich war.« (188).

dingen, doch immer so, dass ihr Votum Gewicht hat. Dem Papst, dem der Vorsitz eines Konzils zustünde, sowie zugleich auch den Mitgliedern der regelmäßigen ›Ratstreffen‹ der obersten Kirchenführer könnte das Recht zustehen, dass gegen ihren begründeten Widerspruch die Synode keine Beschlüsse in Sachen des Glaubens und des christlichen Lebens fassen darf.

Dem Papst wäre sicherlich das Recht zuzuerkennen, die Beschlüsse des Obersten Rats und auch die eines ökumenischen Konzils der Weltöffentlichkeit zu verkünden und zu erklären. Diese Funktion übt der Papst ja bereits gegenwärtig aus, und er wird in der Weltöffentlichkeit als faktischer Repräsentant aller christlichen Kirchen gehört und so als Sprecher des Christentums so ernst genommen wie sonst kein Vertreter anderer Religionen. Was schließlich den Anspruch eines »unfehlbaren Lehramts« des Papstes angeht, so gilt bereits jetzt, dass die Unfehlbarkeit solcher Lehrentscheide »ex cathedra« nur »in der absoluten Treue zum apostolischen Glauben (Heilige Schrift) ausgeübt werden kann«[13]. Dies als einen letzten Vorbehalt ausdrücklich festzuschreiben, wäre sicherlich von evangelischer Seite zu fordern – und zwar so, »dass ein Papst, der diese Treue nicht wahrte, … seines Amtes verlustig gehen« muss[14].

Es gäbe sicherlich noch eine Fülle von gemeinsam zu findenden Regelungen, bevor eine Einigung über ein höchstes Leitungsamt des Papstes in einer Weltkirche der Zukunft erreicht werden kann. Aber die vorstehenden visionsartigen Überlegungen sollen zeigen, dass bei ernsthaftem Willen, das Ziel »sichtbarer Einheit« der Gesamtkirche zu erreichen, Wege sich öffnen können, die in voller Verantwortlichkeit der Treue zu den Elementen des je eigenen Bekenntnisses dort zu finden sein werden, wo als die letztlich alleinige Grundlage die Heilige Schrift von allen Partnern vollauf akzeptiert wird.

4. Abschluss

So zeigt sich: Nach dem Neuen Testament gehört zum Wesen der Kirche

- die *Einheit* aller Christen im gemeinsamen Glauben an den drei-einen Gott;

13 Communio Sanctorum Nr. 198 in Auslegung von: Über die Kirche Nr. 25
14 Communio Sanctorum ebd.

- die *Heiligkeit* als Teilhabe an der Heiligkeit Gottes durch die *eine* Taufe, in dem einen Gottesdienst und durch die heiligende Kraft des Geistes Gottes in allem christlichen Leben;
- die *Katholizität* als Gemeinschaft aller Teilkirchen in der universalen Weltkirche;
- die *Apostolizität* alles Lebens der Kirche unter der Leitung von Predigt-, Lehr- und Leitungsämtern in Übereinstimmung mit der Lehre der Apostel in der Heiligen Schrift, wie sie in der Tradition der Kirche durch die Jahrhunderte ihrer Geschichte hindurch absolute Geltung gehabt hat und haben muss und haben wird.

All diese Wesensmerkmale der Kirche sind durch die vielen Trennungen und Spaltungen des 2. Jahrtausends tief verletzt worden und müssen nun zu Beginn des 3. Jahrtausends in gewiss mühsamer, aber geistlich enthusiasmierter ökumenischer Beratungsarbeit neu wieder verwirklicht werden. *Eine Wiedervereinung aller Kirchen in einer Weltkirche der Zukunft ist aber durchaus möglich.* Der Heilige Geist gibt die Mittel und Wege dazu und vermag diese Arbeit sehr wohl zu beflügeln und zu einer faszinierenden Aufgabe werden zu lassen, an der in Zuversicht des Glaubens, in achtsamer geschwisterlicher Liebe und in starker zielbewusster Hoffnung teilzunehmen Freude und Begeisterung weckt. Und es ist unschwer im Glauben zu vermuten, dass es Gott selbst ist, der die ökumenische Bewegung geweckt und so deutlich gefördert hat, weil es sein Wille ist, dass in einer Zeit globalen Zusammenrückens der Völker und so auch der Religionen der Welt sein Heilshandeln in Jesus Christus für die gesamte Menschheit durch seine Kirche in der vollen Kraft ihrer Einheit, Heiligkeit, Katholizität und Apostolizität bezeugt werden soll.

So sollten die Christen aller Kirchen sich bereits jetzt zum ständigen Gebet um ihre Einigung zusammentun:

»Dreieiniger Gott, wir bitten Dich: Laß Deine ganze Christenheit vereinigt werden. Führe zusammen, die Du berufen und erwählt hast. Zerbrich die Mauern, die uns trennen, und wehre allen, die Unfrieden stiften. Wir bitten Dich: Es komme der Tag, da *eine* Herde und *ein* Hirte ist. Amen«[15].

15 Evangelisches Tagzeitenbuch. Ordnung für das tägliche Gebet, herausgegeben im Auftrag der Evangelischen Michaelsbruderschaft von A. Mauder (^{3}1979),179.

Literaturhinweis

Zur neutestamentlichen Grundlegung:
U. Wilckens, Theologie des Neuen Testaments II/2 (2009), 86-268;
J. Roloff, Die Kirche im Neuen Testament (1993).

Dogmatische Grundtexte:
H.G. Pöhlmann (Hg.), Unser Glaube. Die Bekenntnisschriften der evangelisch-lutherischen Kirche (1986);
O. Weber (Hg.), Johannes Calvin, Unterricht in der christlichen Religion. Institutio Christianae Religionis (1933), III, 1-285;
K. Rahner / H. Vorgrimler (Hg.) Kleines Konzilskompendium. Sämtliche Texte des Zweiten Vatikanums (^{17}1984), darin:
- Dogmatische Konstitution *Über die Kirche* »Lumen Gentium«, 123-200;
- Dekret über den *Ökumenismus* »Unitatis Redintegratio«, 217-250;
- Dogmatische Konstitution über die göttliche *Offenbarung* »Dei Verbum« 367-382;
- Dekret über das *Laienapostolat* »Apostolicam Actuositatem«, 389-421;
- Dekret über die *Missionstätigkeit* der Kirche »Ad Gentes«, 607-653;
- Katechismus der Katholischen Kirche (1993).

Zur ökumenischen Diskussion:
- Gemeinsame römisch-katholische und evangelisch-lutherische Kommission: *Das geistliche Amt in der Kirche* (^{2}1981);
- Bilaterale Arbeitsgruppe der Deutschen Bischofskonferenz und der Kirchenleitung der Vereinigten Evangelisch-Lutherischen Kirche Deutschlands: *Communio Sanctorum.* Die Kirche als Gemeinschaft der Heiligen (2000);
- *H. Meyer / H.J. Urban / L. Vischer* (Hg.), Dokumente wachsender Übereinstimmung, Bd. I (1983), 1931-1982; Bd II (1992), 1982-1990;
- Gott ist ein Freund des Lebens.